小微贷款信贷实务案例培训

（第二版）

立金银行培训中心　著

中国金融出版社

责任编辑：贾　真
责任校对：刘　明
责任印制：程　颖

图书在版编目（CIP）数据

小微贷款信贷实务案例培训/立金银行培训中心著．—2版．—北京：中国金融出版社，2023.3
ISBN 978-7-5220-1758-7

Ⅰ．①小…　Ⅱ．①立…　Ⅲ．①中小企业—信贷管理—案例—中国　Ⅳ．①F832.42

中国版本图书馆CIP数据核字（2022）第171372号

小微贷款信贷实务案例培训（第二版）
XIAOWEI DAIKUAN XINDAI SHIWU ANLI PEIXUN（DI-ER BAN）

出版
发行　中国金融出版社

社址　北京市丰台区益泽路2号
市场开发部　(010)66024766，63805472，63439533（传真）
网上书店　www.cfph.cn
　　　　　(010)66024766，63372837（传真）
读者服务部　(010)66070833，62568380
邮编　100071
经销　新华书店
印刷　河北松源印刷有限公司
尺寸　169毫米×239毫米
印张　10.5
字数　162千
版次　2023年3月第1版
印次　2023年3月第1次印刷
定价　45.00元
ISBN 978-7-5220-1758-7

序

小微批量信贷业务的操作要点

当今，小微贷款成为信贷市场关注的对象。究其原因，是大企业的信贷需求基本上已满足，而且信贷收益太低。

如何高效地操作小微信贷业务呢？根据我们的培训经验，提出如下建议。

一是要打“组合拳”。在操作小微信贷方面，抵押、担保、信用类业务形成一定的比例，可以组合使用，应以强抵押、强担保为主，为提高竞争力，可以适当提高抵押率。其实，七成或八成的抵押率，风险基本相同。

二是选好行业、选好客户群体至关重要。行业规划非常重要，什么样的行业能做，什么样的行业不能做，一定要清楚，要有一个统筹的规划，选择自己熟悉的行业。另外，客户标准要细化，必须选择优质的客户，选择好的市场。

三是要强调由总部主导去做，不能由客户经理和营销团队敞开做。什么样的客户能够做，总部要提出一个方向，圈定一个范围，即哪些行业的哪些类型的中小企业可以做小微信贷，并针对圈定的范围制定适合自己的金融策略，有规划的开发。

四是要有大企业的增信参与。对大企业进行信用增级，可以采取应收账款增级、回购担保等方式。首先要选对核心企业，既要找准大企业，还要嵌入大企业的增信责任，围绕着大企业周边配套的小微企业，经营效益相对有保证。操作小微批量信贷，必须找到一家带头的组长企业，对这家组长企业必须有清楚的了解。

五是要有一支专业的小微信贷客户经理队伍。要通过小微信贷客户经理的准入安排、培训、考试、过程督导和管理，建立一个专业的、业务精通的小微客户经理团队。小微企业有其独特的风险特征，小微信贷客户经理对借款人的了解非常重要，客户经理的高度敏感度和专业化的调查有利于降低信贷风险。

六是牢牢控制借款人结算流水。重要的是通过综合经营了解客户，把客户关系管理导进来。只有控制小微企业的结算流水，才能够真正发现和预判企业的风险。如果商业银行办理小微信贷，就一定要做结算主办金融机构。如果小微企业都不做结算，金融机构[①]就没有机会做最基本的结算业务了。如果是小额贷款公司、保理公司、租赁公司等机构操作小微信贷，必须委托银行或第三方支付公司控制借款人的现金流水账户。

陈立金

① 金融机构泛指银行、保理公司、小额贷款公司、租赁公司等机构。

目　录

第一篇　小微贷款的市场机会分析 …………………………… 1
一、小微贷款的客户群体 …………………………… 1
二、小微贷款的分类 …………………………… 2
三、小微信贷的业务产品 …………………………… 3
四、小微贷款的商业模式分析 …………………………… 3
五、小微贷款的定价分析 …………………………… 4
六、小微贷款的风险控制分析 …………………………… 5

第二篇　小微贷款的品种及案例 …………………………… 7
一、产权证到位前贷款 …………………………… 7
二、房产抵押循环贷款 …………………………… 9
三、房产（二次）抵押贷款 …………………………… 19
四、股权质押贷款 …………………………… 22
五、汽车抵（质）押贷款 …………………………… 29
六、供楼贷款 …………………………… 30
七、薪资贷款 …………………………… 32
八、房地产抵押贷款 …………………………… 34
九、信用保证贷款 …………………………… 36
十、应收账款质押贷款 …………………………… 39
十一、风投公司担保短期周转贷款 …………………………… 43
十二、投标保证金定向贷款 …………………………… 44
十三、二手房按揭房产贷款 …………………………… 47
十四、农户经营性贷款 …………………………… 51
十五、动产质押小微贷款 …………………………… 52
十六、文化创意产业贷款 …………………………… 58

十七、高管个人信用贷款 …… 61
十八、个人房产抵押贷款 …… 63
十九、商户资金周转贷款 …… 66
二十、高端社区业主贷款 …… 72
二十一、农民宅基地、自建房出租贷款 …… 74
二十二、经营性物业抵押贷款 …… 77
二十三、商户贷款 …… 81
二十四、收益权质押贷款 …… 83
二十五、订单贷款 …… 84
二十六、农业贷款 …… 91
二十七、快速抵押贷款业务 …… 95
二十八、企业互保贷款 …… 97
二十九、租金贷款 …… 98
三十、按揭贷款挂钩小微贷款（高管按揭贷款） …… 104
三十一、经销商买方信贷 …… 106
三十二、小额委托贷款 …… 112
三十三、企业流动资金贷款担保 …… 114
三十四、卖断型接力贷款 …… 115
三十五、小额外保内贷 …… 117
三十六、信托受益权质押贷款 …… 117
三十七、场景贷 …… 120
三十八、缴费贷 …… 121
三十九、诚信保证金退款贷 …… 122
四十、税费分期贷 …… 125

第三篇　票据业务 …… 126
一、商业承兑汇票质押贷款 …… 126
二、商业承兑汇票 …… 132
三、小额银行承兑汇票质押贷款 …… 135
四、集团公司保兑商业承兑汇票 …… 138

第四篇　担保业务 …… 141
一、小额投标保函 …… 141
二、小额履约保函 …… 145

第五篇　小额贷款客户经理信贷技能培训 …… 150
一、信贷技能培训基础 …… 150
二、优质小微企业客户营销策略 …… 154
三、客户营销的技巧 …… 154
四、组织实施方案 …… 155

立金名言 …… 157

第一篇　小微贷款的市场机会分析

一、小微贷款的客户群体

小微贷款发放的对象主要是小微企业、个体工商户和个人。目前，商业银行和小额贷款公司、消费金融公司等机构都热衷于发放小微贷款。但银行和小额贷款公司、消费金融公司的定位各不相同，商业银行主要定位在小微贷款批量处理方面，立足于供应链融资项下或商业集群项下小微批量贷款；而小额贷款公司主要是针对特定客户群体，采取逐个客户营销、单笔授信方式，提供短期限融资。

小微贷款的核心是找到风险抓手，找到合适的风险抓手才是控制贷款违约的前提。

小微贷款分散和快速周转是信贷商业模式的主流：一是笔数分散，操作多笔贷款，每笔的金额不大，随借随提款。二是客户分散，客户基数一定要众多，最后通过核心企业批量获客。三是强调信贷资产期限短，实现高速周转，从而保持信贷资产的充足流动性。四是必须将信贷资金限制在某个封闭的场景中（如采购付款、缴费等），方可大幅降低风险。

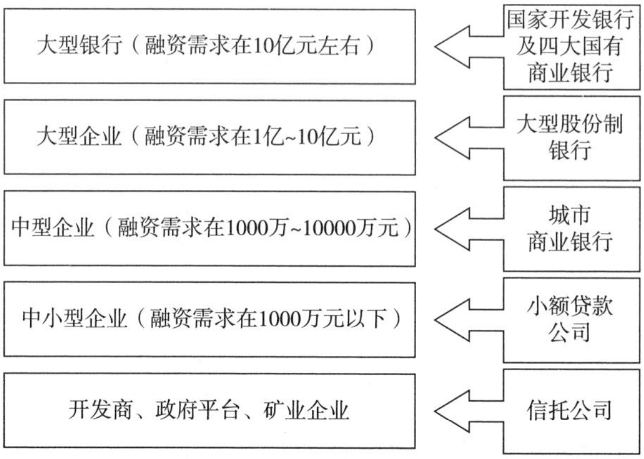

图 1－1　客户类型与金融机构对应情况

二、小微贷款的分类

10 亿元左右的贷款是大型银行的信贷市场，主要是国家开发银行、四大国有商业银行和大型股份制银行，尤其在利率管制、存款是贷款的主要资金来源背景下，只要信贷政策许可，这些大型银行就会积极拓展这个市场。

1 亿 ~ 10 亿元的贷款属于大型企业（中央企业、大型国有企业等）的信贷市场。

1000 万 ~ 10000 万元的贷款属于中型企业（上市公司、大型民企、开发商等）的信贷市场。

1000 万元以下的贷款基本属于中小型企业（地方中小型企业、一般民营企业等）的信贷市场。

100 万元以下的贷款个人、个体工商户等群体基本属于小微信贷市场。

大型企业的信贷市场往往担保方式规范，提供的资料齐全，是大型银行的信贷市场。大型银行的利率较低，且有包括结算、理财等业务的综合服务优势，可以大幅降低对这些客户提供服务的成本，竞争优势极为明显。

在 100 万元以下的小微信贷市场中，情况则大不相同，信贷需求急、琐碎、担保弱。如果决策过于规范、要求过于严格（如资产抵押和标准财务报表），大型银行的信贷政策并不适合小微信贷市场。

小微贷款分散及快速周转是小微贷款高利率的保证。100 万元以上的信贷客户从事的行业，几乎都无法维持 20% 以上的年化利润率，无法负担持续性年化利润率 20% 以上的资金成本。只有小微贷款客户，营运成本较低，利润率较高，能承受的利率更高。

从还款能力上看，小微贷款客户缺乏担保和抵押是否必然意味着高风险？在小微贷款业务中，应更多地分析客户的商业模式，观察企业的现金流，而非担保和抵押。没有担保和抵押的贷款风险相对高一些，但在小微贷款中，如果可以准确地对客户的现金流进行分析，客户的还款风险仍然是可控的。

从还款意愿上看，对于小微贷款客户来说，获得贷款的机会比承担相应较高的利率更加重要，它们会更加注意生意的成功，保持良好的信用记录，以获得下一次贷款的机会。在技术上，小微贷款需要评估客户个人的信用状况，具体包括个人声誉、信用历史、家庭境况等。

三、小微信贷的业务产品

小微信贷仅是针对一些特定授信金额业务的称谓，这种信贷工具可以包括贷款、透支、担保、银行承兑汇票和商业承兑汇票等。对于一些资金周转速度较慢的中小型企业，适合提供贷款；对于一些资金周转速度较快的中小型企业，如家电贸易商、煤炭贸易商，适合为其提供银行承兑汇票和商业承兑汇票。如果是商业银行开办小微信贷业务，可以采取票据方式。

很多小微企业对于银行承兑汇票和商业承兑汇票并不熟悉。其实，票据融资非常有利于降低融资成本。

四、小微贷款的商业模式分析

小微贷款的优势总结起来，就是三个字——“短、频、快”。低于银行的管理成本，高于银行的贷款利率和效率，这是小微贷款的利润来源。

1. 追求“让贷款更快、更简单”。小微贷款需求普遍具有“期限短、用款急、用次频、用途真”的显著特点，要满足这样的贷款需求必须有能力做到简单、快捷。操作小微贷款的核心特点就是快进快出，因借款客户的生意资金需求而进入，因生意的终结而退出。小微贷款一定不要做成流动资金贷款，如果被借款人长期占用，风险极大。

【点评】

小微贷款最大的吸引力就是放款快，一般 3 天之内贷款人就能获得贷款；而如果从银行办理小微贷款，操作时间长达 1 个月，这样的小微贷款是没有任何前途的。

2. 提倡“小微贷款用款用途必须绝对真实，以用途控制风险”。一般工商企业流动资金贷款控制风险的核心技术是控制抵押和担保，而小微贷款讲究控制信贷资金的用途，以及高度控制企业的商务活动，一般不强求资产抵押。小微贷款定位的目标客户群体具有自身的特点，一般难以提供资产抵押。

3. 坚持“小额分散、专业经营”。坚持“小额分散”是小微贷款的业务特点，以无抵押、小规模的客户为主要群体的专业化经营道路。

【点评】

小微贷款必须限定在某个确定的封闭场景中，如对知名白酒、调味品的代理商提供贷款，要求贷款必须受托支付给厂商。又如，对××手机代理商提供贷款必须支付给手机厂商。

五、小微贷款的定价分析

1. 依据资金占用的时间，采取年化成本计价。根据这类贷款的定价特点，重点考虑借款人与银行的议价能力、占用资金的时间长短和抵押担保的安全情况来定价，一般是借款人的议价能力弱、占用资金时间长、抵押担保的安全性越弱，则贷款利率定价高。

计价规则：利息 = 用款金额 × 利率/360 × 用款天数。

2. 依据资金被使用的用途，采取单次生意计价。根据这类贷款的定价特点，重点考虑借款人用款的商业利润率、占用资金的时间长短和抵押担保的安全情况来定价，一般是借款人的利润率越高、占用资金的时间越长、抵押担保的安全性越弱，则贷款利率定价高。

计价规则：利息 = 用款金额 × 提成比例。

单次生意贷款计价的提成比例情况见表 1 – 1。

表 1-1　单次生意贷款计价的提成比例情况

贷款占用时间（月）	提成比例（%）	借款人
3	5	贸易商群体
3～6	10	演出等群体
6～12	20	电影

3. 大型客户和小型客户的融资成本计算。小微贷款一般用于具体的商业经营。例如，一家小型化肥贸易商准备贷款购进化肥，销售给当地农业合作社。该小型化肥贸易商会精准地计算购进价格和销售价格之间的利润空间是否足够覆盖这段时间的融资成本。

买入 100 元和卖出 110 元，时间期限为 1 个月，则利润率为 10%（1 个月时间内，单次交易活动利润率），年化利润率为 120%。

银行贷款定价为 15%（年化定价），由于该小型化肥贸易商仅借取 1 个月，资金成本 1.25%（1 个月时间，单次融资成本）。该小型化肥贸易商的净利润率为 8.75%。

六、小微贷款的风险控制分析

1. 小微贷款风险经营的核心是经营数据。例如，大型超市和供应商之间经常采用应收账款模式。

在对供应商办理贷款时，会向供应商要抵押、要担保。在供应商没有抵押，也没有担保的情况下，小微贷款公司可以与超市的 ERP 系统对接，如果把进、销、存的数据掌握了，就可以作为能否提供信贷最基本的数据基础。

与核心企业对比，根据订单和销售的情况，如果能做到每天、每周、每月都能知道供应商的销售数据，放贷的可能性就大一点，不再是靠抵押担保的方式。

2. 小微贷款风险控制的核心包括资金搭接技术。一般企业都会有如下三种资金需求：

第一种是股本性质的长期的资金需求，主要向股东融资取得，代价极高。但是，这是抵御风险的基本屏障。

第二种是流动资金经营补充的资金需求，主要向银行、信托公司融资取得，代价较低，这是经营活动的资金补充。在自有资金的基础上，起到放大经营杠杆的作用，可以使企业的经营规模放大，获利增多。

第三种是临时的短期周转资金需求，主要向民间借贷以及向小额贷款公司和担保公司融资取得，代价极高，纯粹是为了解决临时紧急的资金兑付需求。

小微贷款应当按照银行的经营思维来经营，不是企业有了抵押品，就一定提供贷款，而是在金融机构确定企业的借款用途是否合理、还款资金来源是否可靠后，再决定能否向企业提供信贷。

第二篇　小微贷款的品种及案例

一、产权证到位前贷款

【产品定义】

产权证到位前贷款是指企业实际投入较大，在未获得购置土地、厂房、设备的相关产权证前，由金融机构相应发放贷款协助拿到产权证的一种过桥融资业务。俗称拿本前融资，即拿到所有权证书前的融资。

【业务流程图】

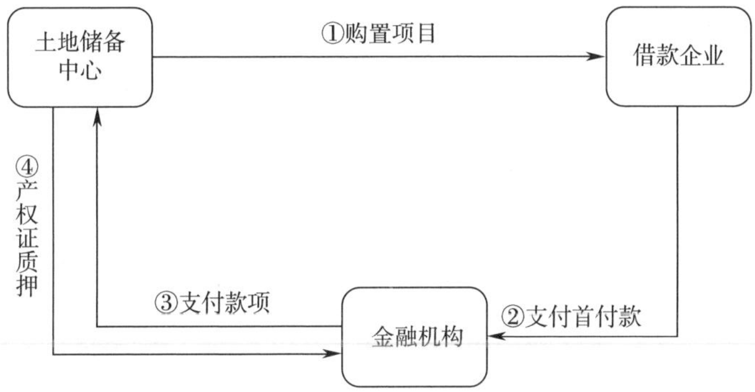

图 2 –1　产权证到位前贷款业务流程

【适用客户】

产权证到位前贷款适用于已经投入资金，购买了土地、厂房、设备，但未获相关产权证的客户。

土地使用权证书、标准厂房所有权证书等产权证到位后，就符合银行的贷款条件了。金融机构很难介入，所以银行应当提前介入。

大型商业银行必须在客户的产权证到位后才能提供贷款，而在拿到产权证前，企业最需要资金，由于贷款期限较短，客户并不会非常在意资金成本。

【资金用途及还款来源分析】

1. 资金用途分析，信贷资金用于企业的一般性周转，或是支付拿到产权证书的尾款。

2. 还款来源分析，借款人在银行的贷款作为还款来源。通过金融机构的过桥贷款，借款人拿到产权证后，就可以符合其他银行的正规贷款要求，在取得银行贷款后，再归还金融机构的贷款。

【业务流程】

1. 客户有资金需求时，可提供土地使用权出让合同、支付土地出让金凭据、厂房承建合同、支付建造厂房款项凭据、机器设备购置凭据等资料向金融机构提出书面借款申请。

2. 金融机构接件后两天内安排尽职调查。

3. 企业完善申请手续后一天，金融机构办妥贷款审批及放款。

【风险控制】

1. 金融机构必须核实土地使用权出让合同、支付土地出让金凭据、厂房承建合同、支付建造厂房款项凭据、机器设备购置凭据等资料的真实性。

2. 借款人已经支付了购买土地等大额资金，在仅有很小额资金缺口的情况下，从金融机构取得贷款，支付了获得产权证的全部款项。通常借款人不会因为如此小额的贷款而违约，实在不值得。

3. 控制产权证封闭。在贷款发放一定时间后，要求借款人必须将产权证交回金融机构办理质押或控制。

【案例】

包头××有限公司小额贷款案例

1. 客户基本概况

包头××有限公司，主营新能源产品，产品主要是外销。因受到金融危机和人民币升值的冲击和影响较大，企业经营处于低谷。该企业原购地30亩，兴建厂房1万多平方米，投入设备等花费2000余万元，企业未能办理房地产证，因此在银行融资有困难。

2. 银行授信方案

该企业找到金融机构，以土地购买收据、厂房建设凭证和部分机械设备作质抵押，企业老板作个人信用担保。金融机构在完成了调查和办理手续后一个工作日已成功发放了一年期的流动资金贷款50万元支持该企业。

【文本】

承　诺　函

＿＿＿＿＿＿＿＿银行：

根据贵行与我司于＿＿年＿＿月＿＿日签订的合同编号为第＿＿号的贷款协议，贵行已经向我司发放＿＿万元贷款，为了保证贵行的利益，特作如下承诺：

我司将确保将以上贷款资金用于办理产权证，并在＿＿日前将该产权证交付贵行。

＿＿＿＿＿＿＿＿公司

年　　月　　日

二、房产抵押循环贷款

【产品定义】

房产抵押循环贷款是指授信申请人以自有或第三方房产作最高额抵押向金融机构申请循环授信额度，在不超过授信有效期和可用额度条件下，授信申请人可向金融机构多次提用贷款的一种授信业务。

【业务流程图】

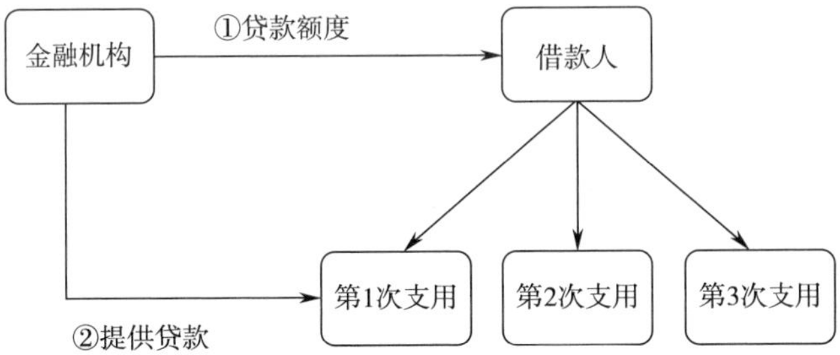

图2-2　房产抵押循环贷款业务流程

【适用客户】

房产抵押循环贷款适用于持有房产的小微企业客户。这类小微企业客户用款频繁，需要根据每次的用款实际时间点来临时提用贷款。

【产品特点】

1. 一次授信，长期使用，客户可一次性获得金融机构提供的长达 2 年的授信额度。

2. 在客户有资金需求时可随时使用，解决客户不时之需。手续简便，担保不变。

3. 客户再贷款时，无须重新办理抵押手续，客户省时、省力、省心。

【抵押物范围】

个人或公司拥有全权处置权的商品房、公寓、别墅、四合院、经济适用房、成本价房（含央产房）、危改回迁房；商铺、写字间等商业用房；厂房、土地以及在建工程等。

【风险控制】

金融机构必须落实好抵押物的价值，做好抵押物的保险手续等。

【案例】

浙江××燃料有限公司（实际控制人房产抵押）案例

1. 客户基本概况

（1）基本介绍。浙江××燃料有限公司（以下简称浙江××公司）主营业务收入 0.3 亿元，该企业属于特定中小企业，注册资本为 500 万元，主要从事燃料油贸易。该公司与山东××石化有限公司、南京××贸易有限公司、湖北××石化实业有限公司等建立合作关系，燃料油主要向上述 3 家单位采购。付款方式以现款为主，一般从付款到货物运到需求单位为 30 天左右。上述货物或直接发到该公司的下游企业，主要为安徽××玻璃有限公司、舟山××贸易发展有限公司等，或者暂时先发至公司设在杭州的油库，货款回笼平均为 30 天。

（2）授信申请人基本情况。浙江××公司是专业的燃料油经销企业，目前总资产达 2000 余万元，净资产达 1000 余万元，有近 20 年的行业从业经验，经营稳健。

（3）公司的主要业务流程。浙江××公司向山东××石化有限公司（××上市公司的子公司）、南京××贸易有限公司（××石化的三产公司）和湖北××石化实业有限公司等采购预订燃料油，付款后由供应商根据合同约定的品质安排供货，一般从付款到货物运到需求单位为30天左右。上述货物直接发到该公司的下游企业，主要为安徽××玻璃有限公司、舟山××贸易发展有限公司等需求商，需求商按合同约定收货后，在7～45天付清货款。

（4）上下游客户结算模式。

供应渠道分析			
序号	前三名供应商（按金额大小排名）	金额（万元）	占全部采购比率（%）
1	山东××石化有限公司	8000	34.8
2	湖北××石化实业有限公司	7030	30.6
3	南京××贸易有限公司（××石化关联企业）	6000	26.1
上述供应商为目前沿海地区主要的燃料油供应企业，质量稳定、供货量充足，对于下游采购需要预付款，由供应商在一个月内安排供货，货款可接受银行承兑汇票与国内信用证			
销售渠道分析			
序号	前三名销售商（按金额大小排名）	金额（万元）	占全部销售比率（%）
1	安徽××玻璃有限公司	8800	35.2
2	舟山××贸易发展有限公司	7540	30.2
3	浙江××玻璃股份有限公司	1330	5.8
上述销售商与宁波××公司都有3～5年的合作时间，付款方式为货到付款30%，余款45天内结清，以电汇或银行承兑汇票付款			

2. 银行授信方案

（1）银行授信方案。根据浙江××公司的申请，申请流动资金贷款，按规则串用，可串用为银行承兑汇票和国内信用证。此次授信给予公司80万元授信额度，敞口为80万元。

（2）效益。串用为银行承兑汇票或者国内信用证，保证金比例不少于50%，同时可收取相关中间业务收入。

（3）担保条件。位于杭州的5套个人住房，预评估价值为131万元。

（4）授信效益。串用为银行承兑汇票或者国内信用证，保证金比例不少于50%，同时可收取相关中间业务收入。

授信方案						
额度类型	公开授信额度		授信方式	综合授信额度		
授信额度（万元）	80		授信期限（月）	12		
授信品种	币种	金额（万元）	保证金比例	期限（月）	用途	收益
流动资金贷款	人民币	80	0	12	用于企业的一般性周转	银行可以获得可观的利息收入
授信性质	新增	本次授信敞口（万元）		80	—	—
担保方式及内容	抵押物为个人房产					
追加法人代表个人连带责任保证						

主要问题在于，借款人为二级经销商，在与上下游谈判时地位不高，对油价波动引起的价格风险，企业转嫁风险的能力不强，也没有很好的规避手段。

优劣势分析。本次授信的优势主要体现：一是经营者经营稳健，购销渠道落实；二是经营商品在目前国内基本还处于卖方市场，供应商有一定的市场地位，且供应链中的上下游都具有较强的实力，能够及时供货并完成销售回款，确保资金安全；三是此次抵押率符合银行的要求，个人房产价值稳定，第二还款来源落实。劣势主要体现：公司为二级经销商，且目前的经营规模和资产规模较小，受制于上游供应商的程度较大。

【文本】

最高额抵押合同

合同编号：

抵押权人（全称）：____________银行____________

抵押人（全称）：

（1）____________________

（2）____________________

（3）____________________

鉴于抵押人愿为抵押权人与____________（以下简称债务人）按本合同第一条约定签订的一系列业务合同（以下简称主合同）所形成的债权提供最高额抵押担保，根据国家有关法律法规，当事人各方经协商一致，订立本合同。

第一条　被担保的主债权及最高额

1. 抵押人自愿为抵押权人与债务人形成的下列债权提供担保，担保的债权最高余额折合人民币（大写金额）____________外币业务，按本条第（1）项约定的业务发生当日卖出价折算。

（1）抵押人自____年____月____日起至____年____月____日止，与债务人办理约定的各类业务所形成的债权。该期间为最高额担保债权的确定期间。上述业务具体包括（以画“□”中的“✓”为准）：

□人民币/外币贷款　　□减免保证金开进口证

□出口打包放款　　□商业承兑汇票贴现

□进口押汇　　□银行保函

□银行承兑汇票　　□出口押汇

□国内信用证　　□其他业务

（2）抵押权人与债务人已形成的下列主合同项下尚未受偿的债权本金及其相应的利息、罚息、复利、费用等，其中利息、罚息、复利、费用等按相应的主合同约定计算至实际受偿之日止：

合同名称	合同编号	尚未受偿本金	币种

2. 本合同担保的每笔业务的种类、金额、利率、期限等内容以相关法律文书或者凭证为准。

3. 在本合同约定的期间和最高余额内，抵押权人发放本合同约定的贷款或者提供其他银行信用时无须逐笔办理担保手续。

4. 在本合同约定的期间和最高余额内发生的业务，币种不限，抵押人按原币种承担担保责任。

第二条　抵押担保的范围

抵押担保的范围包括主债权本金、利息、罚息、复利、违约金、损害赔偿金以及诉讼（仲裁）费、律师费、处置费、过户费等抵押权人实现债权和抵押权的一切费用。因汇率变化而实际超出最高余额的部分，抵押人自愿承担担保责任。

第三条　抵押物

1. 抵押人同意以________设定抵押。上述抵押物详见（清单名称及编号________），该抵押清单为本合同组成部分，与本合同具有同等法律效力。

2. 上述抵押物暂作价________（币种及大写金额），其最终价值以抵押权实现时实际处理抵押物所得价款为准。

第四条　抵押人承诺

1. 抵押人已按有关规定和程序取得本合同担保所需要的授权。

2. 抵押人对抵押物拥有充分、无争议的所有权或者处分权。

3. 抵押物依法可以流通或者转让。

4. 抵押物不存在被查封、扣押、监管等情况。

5. 抵押人如实告知拖欠税款、抵押物建设工程价款等款项及抵押物已设立抵押、已出租等情况。

6. 抵押人已就本合同项下抵押事宜征得抵押物共有人同意。

7. 抵押期间，发生下列情形之一的，抵押人立即书面通知抵押权人：

（1）抵押物被查封、扣押、监管或者被采取其他强制措施；

（2）抵押人改变资本结构或者经营体制，包括但不限于承包、租赁、股份制改造、联营、合并、分立、合资、资产转让等；

（3）抵押人被撤销、吊销营业执照、责令关闭或者出现其他解散事由；

（4）抵押人申请破产、重整、和解或者被申请破产、重组。

8. 抵押物不存在其他影响抵押权人实现抵押权的情形。

9. 抵押权的效力及于抵押物的从物、从权利、代位物、分离物、符合物、混合物、加工物及法律规定的其他财产和权利。

第五条　抵押物的占管

1. 本合同项下抵押物由抵押人占管，抵押人对抵押物负有妥善管理和合理使用的义务。抵押权人有权监督和检查抵押物的管理和使用情况。

2. 抵押期间，未经抵押权人书面同意，抵押人不得对抵押物作出赠予、转让、出租、再抵押或者进行其他任何方式的处分。经抵押权人书面同意，抵押人以转让、出租或者其他方式处分抵押物的，所得价款应用于提前清偿所担保的债权或者提存。

3. 抵押期间，抵押物毁损、灭失、被征收、被征用或者因附合、混合、加工使抵押物的所有权为第三人所有等，抵押人应及时采取有效措施防止损失扩大，同时立即书面通知抵押权人。抵押权人有权就获得的保险金、赔偿金或者补偿金等优先受偿；被担保债权的履行期未届满的，抵押权人有权要求提前清偿债务或者提存。

4. 抵押期间，抵押物价值减少的，抵押权人有权要求抵押人恢复抵押物的价值或者提供抵押权人认可的与减少的价值相当的担保。

第六条　抵押物的保险

1. 抵押人应根据抵押权人的要求办理有关保险，并指定抵押权人为该项保险的第一受益人，保险单据原件交与抵押权人保管。

2. 保险费由抵押人承担，抵押人应按时足额缴纳保险费，并履行保险合同（含保险单或者其他保险凭证，下同）项下的其他义务。抵押期间，抵押人未按约缴付保险费或者办理保险（续保）手续的，抵押权人有权代为垫付或者办理保险（续保）手续，相关费用由抵押人承担。抵押人同意抵押权人从其在抵押权人处开立的账户中直接划收上述费用。

3. 抵押期间，未经抵押权人书面同意，抵押人不得单方面或者与保险人协商变更、解除或者终止保险合同；不得放弃保险金请求权或者向第三人请求赔偿的权利。

4. 抵押期间，抵押物发生保险事故的，抵押人应立即通知保险人及抵押权人，并负责索赔事宜。抵押人未及时通知或者索赔，造成抵押权人损失的，应当承担赔偿责任。

第七条　抵押登记

1. 抵押人应在本合同生效后五日内到有关登记机构办理抵押登记手续；抵押物的其他项权利证书、抵押登记文件或者其他权利证书由抵押权人占管。

2. 抵押期间，如需在登记机关办理变更登记的，抵押人应及时到有关机关办理相关的变更登记手续。

3. 抵押期间，抵押权人依本合同约定转让最高额抵押权的，抵押人应当协助抵押权人、受让人办理相应的变更登记手续。

第八条　抵押权的转让

1. 本合同项下最高额抵押担保的债权确定前，抵押权人转让部分债权的，有权转让相应的抵押权。

2. 本合同项下最高额抵押担保的债权确定后，抵押权人转让部分债权的，有权不转让相应的抵押权。

第九条　被担保债权的确定

发生下列情形之一的，本合同项下最高额抵押担保的债权确定：

1. 债权确定期间届满。期间届满包括本合同第一条约定的债权确定期间届满，以及抵押权人依国家法律法规规定或者本合同约定宣布债权确定期间提前届满的情形。债务人违反主合同约定义务或者抵押人违反本合同约定义务的，抵押权人有权宣布债权确定期间提前届满。

2. 新的债权不可能发生。

3. 抵押物被查封、扣押。

4. 债务人、抵押人被宣告破产或者被撤销。

5. 法律规定债权确定的其他情形。

第十条　抵押权的实现

1. 发生下列情形之一的，抵押权人有权行使抵押权，并可以与抵押人协商以抵押物折价，或者以拍卖、变卖抵押物的价款优先受偿。所得价款不足以清偿本合同项下所担保的债权的，抵押权人可以选择将该款项用于归还本金、利息、罚息、复利或者费用等：

（1）任一主合同项下债务履行期限届满，抵押权人未受清偿。期限届满包括主合同项下债务履行期限届满，以及抵押权人依照国家法律法规规定或者主合同的约定宣布主合同项下债权提前到期的情形；

（2）债务人、抵押人被撤销、吊销营业执照、责令关闭或者出现其他解散事由；

（3）债务人、抵押人被人民法院受理破产申请或者裁定和解；

（4）债务人、抵押人死亡、被宣告失踪或者被宣告死亡；

（5）抵押物被查封、抵押、监管或者被采取其他强制措施；

（6）抵押物毁损、灭失或者被征收、征用；

（7）抵押人未按抵押权人要求恢复抵押物的价值或者提供相应的担保；

（8）抵押人违反本合同项下义务；

（9）其他严重影响抵押权实现的情形。

2. 本合同所担保的债权同时存在两个以上物的担保人的（含债务人自身提供物的担保），抵押权人有权就其中任一或者各个担保物行使担保物权。

3. 抵押人为债务人以外的第三人，且债务人同时为本合同所担保的债权提供物的担保，抵押权任放弃该担保物权、担保物权顺位或者变更担保物权的，抵押人同意继续按本合同约定为主合同项下债权提供抵押担保。该担保物权是指债务人为主合同项下债权提供物的担保所形成的担保物权。

第十一条　违约责任

1. 本合同生效后，抵押权人不履行合同义务，造成抵押人损失的，应承担相应的赔偿责任。

2. 抵押人有下列行为之一的，应按本合同所担保的债权最高余额的____%向抵押权人支付违约金；造成抵押权人损失的，应同时给予全额赔偿。

（1）未取得本合同担保所需的合法有效授权；

（2）未如实告知拖欠税款、抵押物建设工程款等款项，以及抵押物存在共有、争议、异议、已设定抵押、已出租或者被查封、扣押、监管等情况；

（3）未按本合同约定办理抵押登记手续；

（4）未经抵押权人书面同意擅自处分抵押物；

（5）未按抵押权人的要求恢复抵押物价值或者提供相应的担保；

（6）其他违反本合同约定或者影响抵押权人实现抵押权的行为。

第十二条　费用承担

本合同项下抵押物的登记、评估、保险、鉴定、公证、提存等费用由抵押人承担。

第十三条　争议的解决

本合同履行中发生争议，可由各方协商解决，也可按以下第____种方式解决：

1. 诉讼。由抵押权人住所地人民法院管辖。

2. 仲裁。提交________（仲裁机构全称）按其仲裁规则进行仲裁。

在诉讼或者仲裁期间，本合同不涉及争议的条款仍须履行。

第十四条　其他事项

抵押人应主动了解债务人经营状况及本合同项下各类业务发生、履行情况。本合同项下发生各类业务的主合同、相关法律文书或者凭证不再送达抵押人。

____

____

____

第十五条　合同的生效

本合同自各方签字或者盖章之日起生效。

第十六条　本合同___式___份，其中抵押权人___份，抵押人各___份，债务人___份，效力相同。

第十七条　提示

抵押权人已提请抵押人注意对本合同各条款作全面、准确的理解，并应抵押人的要求作了相应的条款说明。签约各方对本合同含义认识一致。

抵押权人：（签章）　　　　　　抵押人：（签章）

法定代表人：　　　　　　　　　法定代表人：

签约日期：　　年　　月　　日　　签约地点：

债务人声明：已收到上述最高额抵押合同，对全部条款无异议。

债务人：（签章）

法定代表人：

或者授权代理人：

签收日期：　　年　　月　　日

在银行信贷客户经理展业时，一定要专注于一些特定的行业，专注于一些特定的产品，成为精通银行信贷产品的行业专家。

三、房产（二次）抵押贷款

【产品定义】

房产（二次）抵押贷款是指借款人或第三人以被设定抵押的房产再次进行抵押担保，由金融机构对借款人提供的追加贷款。

【业务流程图】

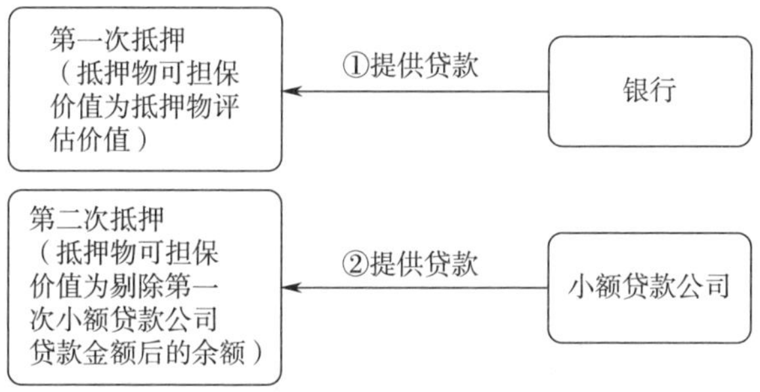

图 2－3　房产（二次）抵押贷款业务流程

【基本原理】

在原有的抵押物基础上进行追加贷款。例如，企业提供价值 2000 万元的房产作为抵押，抵押率为 50%，可以获得的授信额度为 1000 万元，银行提供了 1000 万元贷款，则企业仍富余 1000 万元的可用抵押额度，金融机构继续提供 800 万元贷款，即在原抵押物的价值基础上，追加抵押。

由于各家金融机构的风险偏好不同，有些金融机构认为房产抵押贷款风险较小，更乐意支持房产抵押贷款。对于房产评估价值较高，就会出现可以再次抵押的情况。

例如，企业提供房产作为抵押，甲银行较为保守，评估房产价值为 1 亿元，抵押率为 70%，可以获得的授信额度为 7000 万元；而乙金融机构较为激进，对企业提供的房产估值为 1.5 亿元，抵押率仍为 70%，计算出可贷额度为 10500 万元，乙金融机构计算：剔除甲银行已经贷款的 7000 万元，则该企业仍富余 3500 万元的可用抵押额度，乙金融机构继续提供 3500 万元贷款。

【产品特点】

房产（二次）抵押贷款具有手续简单、速度快捷，可办理循环授信，使用灵活，可抵贷分离等特点。

【抵押物范围】

抵押物为商品房、公寓、别墅、四合院、经济适用房、成本价房（含央产房）、危改回迁房等住宅及商铺、写字间。

【风险控制】

金融机构提供贷款的期限和金额是锁定风险的技术保证，提供贷款的到期日一定要早于银行提供贷款的到期日 1 个月左右，贷款金额是银行的 1/3 左右。由于金融机构提供的贷款到期日早、贷款金额小，借款人一般都会及时安排资金归还贷款。

【案例】

广州××贸易有限公司（房产抵押二次贷款）案例

1. 客户基本概况

（1）基本介绍。

广州××贸易有限公司注册资本为600 万元，经营的主要产品有铝锭、锌锭、锡锭等有色金属原材料以及化工原料和白砂糖等农副产品，其中有色金属在公司每年的销售额中约占80%，也是该公司的主要盈利产品。该公司在广东、珠江三角洲、广西和上海地区都拥有稳定的客户资源，特别是铝锭，是该公司成立至今一直经营的产品，平均提货量为8000 吨/月。

（2）存在的风险点。

①市场销售风险。由于国内及世界经济受各种影响，存在许多不确定性因素，有可能出现销售困难的情况。但随着国家刺激经济拉动消费等政策的出台和有色金属行业的振兴规划的实施，同时该公司购进的有色金属商品均采取“以销定购”的方式，且目前市场上的部分有色金属价格已低至成本价，价量正在回升中，故滞销的可能性较小。从该公司前几个月与银行的合作看，其周转正常、货款回笼及时，未出现拖欠的现象。

②挪用资金风险。经营单位擅自将贷款资金挪作他用，导致银行资金无法按时回笼，最终可能产生风险。

（3）防范措施。

①密切关注国家的相关政策，及时了解掌握国内、国际上的经济变动，以及市场上有色金属的价格变动情况，实行严密的盯市制度和定期查库制度，防范可能出现对银行授信产生不利的因素。

②指定上游支付对象，即××国际贸易有限公司、××期货有限公司、广东××投资控股有限公司列为指定的受托支付对象，以保障银行资金的用途真实。

监控结算资金的回笼，特别是结算账户的资金要达到银行的监管要求，不定期配合风控部门检查购销合同和增值税发票，保证贸易的真实性，以及借款人的经营状况。

实时监控、查阅上海期货交易所的相关有色金属的交易价格走势和政策，跟踪资金的流向。监控代发工资的变化，查看三表、三费的交缴和使用情况。定期检查抵押物的状况和变化，以保障银行资金的绝对安全。

（4）主要上下游企业。

①上游企业。

序号	前三名供应商（按金额大小排名）	金额（万元）	占全部采购比例（%）
1	××国际贸易有限公司	797	6.1
2	××期货有限公司	135	2.3
3	广东××投资控股有限公司	95	0.91

②下游企业。

序号	前三名销售商（按金额大小排名）	金额（万元）	占全部销售比例（%）
1	广东××实业有限公司	873	7.23
2	广东××集团	42	0.62
3	广东××投资发展有限公司	28	0.37

2. 银行授信方案

授信方案			
额度类型	公开授信额度	授信方式	综合授信额度
授信额度（万元）	200	授信期限（月）	12

续表

授信品种	币种	金额（万元）	保证金比例（%）	期限（月）	用途	收益
流动资金贷款	人民币	200	0	12	用于企业的一般性周转	银行可以获得可观的利息收入
申请性质	首次授信	本次授信敞口（万元）		200	授信总敞口（万元）	200

该申请人本次授信金额为200万元人民币，授信的用途为企业购买有色金属铝锭、锌锭的流动资金周转。授信品种为流动资金贷。本次授信的实际用途是广州××贸易有限公司向其上游单位购销符合国家标准的铝锭、锡锭、锌锭、铜等有色金属原材料及铝锭等有色金属产品。

本次综合授信额度的担保方式为广州××贸易有限公司用第三方（合作伙伴）广州市××投资有限公司的可出让土地作抵押，抵押率为70%，期限为1年。

土地估值为700万元，抵押给××村镇银行，获得300万元贷款。广州市××投资有限公司将该土地的富余价值追加给广州××小额贷款有限公司，获得贷款200万元。

【点评】

房产（二次）抵押贷款一定要设计好贷款期限，第二次抵押提供的贷款到期日必须早于第一次抵押贷款，借款人通常在万不得已的时候，尽可能将先到期的贷款归还。

四、股权质押贷款

【产品定义】

股权质押贷款是指金融机构按《中华人民共和国民法典》规定的质押

方式以借款人或第三人持有优质公司的股权作为质物担保发放的贷款。

【适用客户】

股权质押贷款适用于持有A股上市公司流通股、城市商业银行、村镇银行、证券公司、信托公司、民营银行、优质电商、优质项目（大型操盘项目的地方小股东）等公司的法人股东、个人股东或小微企业股东等客户。

【产品特点】

1. 盘活资产，无须办理转移股票账户等烦琐手续。金融机构的贷款较为灵活，并不像商业银行贷款会受到严格的受托支付管理规定。

2. 不影响质押人对公司的控股权，采取股权质押方式，临时让渡占有权利，所有权仍归属于借款人。

【质押物范围】

1. 在上海证券交易所或深圳证券交易所挂牌上市交易的A股股票。

2. 在深圳证券交易所挂牌上市交易的中小企业板块股票。

3. 优质的城市商业银行股权。城市商业银行在本地经营，虽然整体业务较小，但是普遍经营效益较好。

4. 优质券商、民营银行的股权。近些年，券商及民营银行纷纷设立，很多地方民营企业参与其中，这些股东的资金压力较大，迫切需要将股权进行“变现”，存在业务机会。

5. 优质项目公司（如大型开发商操盘项目的地方小股东）等机构的法人股东，做好这些项目的收益测算，确保项目可以产生可观的销售利润，覆盖贷款本息。

【业务流程】

1. 股权质押贷款的借款人向贷款人申请质押贷款需提供下列资料。

（1）股权质押贷款申请书；

（2）质押贷款的借款人上一季度末的财务报表（资产负债表、损益表等）；

（3）股权发行公司上一个会计年度的资产评估报告；

（4）股权发行公司同意出质的股东（大）会决议或证明；

（5）贷款人要求提供的其他材料。

2. 股权质押贷款的借款人和贷款人双方应以书面形式签订贷款合同。出质人和贷款人双方应以书面形式订立股权质押合同。股权质押合同可以单独订立，也可以是贷款合同中的担保条款。

3. 股权质押合同签订后，在约定时间内，股权质押贷款当事人须凭股权质押合同到股权出质登记机构（股权发行公司登记的工商行政管理部门）办理股权出质登记，并在合同约定的期限内将股权交由股权出质登记机构保管。股权出质登记机构应向出质人出具股权质押的相关证明文件。

申请办理股权出质登记，应向工商行政管理部门提交以下资料。

（1）申请人签字或者盖章的“股权出质设立登记申请书”；

（2）记载有出质人姓名（名称）及其出资额的有限责任公司股东名册复印件，或者出质人持有的股份有限公司股票复印件（均需加盖公司印章）；

（3）质权合同；

（4）出质人、质权人的主体资格证明或者自然人身份证明复印件（出质人、质权人属于自然人的由本人签名，属于法人的加盖法人印章，下同）；

（5）国家工商行政管理总局要求提交的其他材料，指定代表或者共同委托代理人办理的，还应当提交申请人指定代表或者共同委托代理人的证明。

股权质押期间产生的红股和分配的现金股息的归属由质押合同约定。债务履行期满前，出质人和质权人均不得处理红股和现金股息，应委托股权出质登记机构保管，现金股息由股权出质登记机构按银行活期存款利率计付。

4. 贷款人根据贷款合同和股权质押的相关证明文件办理贷款。

【风险控制】

1. 做好股权质押登记。股权质押登记通常在工商行政部门办理，要做好质押登记。

2. 做好组合风控手段。组合风控手段包括实际控制人个人无限连带责任担保，控制借款人经营现金流等方式锁定风险。

3. 必须进行质押登记。《中华人民共和国民法典》规定，以基金份额、股权出质的，当事人应当订立书面合同。

以基金份额在证券登记结算机构登记股权出质的，质权自证券登记结算机构办理出质登记时设立；以其他股权出质的，质权自工商行政管理部门办理出质登记时设立。

【案例】

××（福建）鞋塑有限公司授信方案

1. 客户基本概况

（1）基本介绍。

××（福建）鞋塑有限公司注册资本为258万美元，法定经营范围为生产TPR鞋底、旅游鞋。该公司年产值约为2亿元，年产量为500万双，年创汇达2000万美元，固定资产价值约为1亿元，其中土地面积达15066平方米，价值约为3000万元；建筑面积为32000多平方米，价值约为3100万元；机器设备等价值约为4200万元。

（2）上下游客户及主要结算方式。

供应渠道分析			
序号	前三名供应商（按金额大小排名）	金额（万元）	占全部采购比例（%）
1	福建省晋江市××皮业有限公司	750	3.75
2	福建××制革有限公司	628	3.14
3	××（福建）鞋材有限公司	610	3.00
该企业生产的主要原材料，主要从××（福建）鞋材有限公司、福建××制革有限公司、福建省晋江市××皮业有限公司、广州胶业有限公司等进行采购，以上原材料供应商均与该企业有多年的合作关系，合作关系融洽，双方结算方式一般为现金、银行汇款、银行承兑汇票等，账期一般为1～3个月。供应商总体评价从供货质量价格、供货稳定性、付款条件等方面对供应商进行描述。根据了解，该企业目前与前二十大供货商都是固定供货，每年供货量根据实际生产鞋子的类型和鞋子的款式略有差异，但是基本差异不大，供货质量良好，材料供应商都会提前准备，缩短了材料采购的周期，减少了材料的存储成本。同时，利用优惠的付款条件，各个供应商都签署了协议报价，保证了原材料的低成本。该企业每年固定的供货商将近30家，由于鞋业的特殊性，每双鞋都是由几十块皮革布料拼接而成，加上鞋底原料也有所不同，故供货商较多。			
销售渠道分析			
序号	前三名销售商（按金额大小排名）	金额（万元）	占全部销售比率（%）
1	上海××国际贸易有限公司	1520	5
2	福建省××贸易有限公司	1380	4.6
3	厦门市××对外贸易有限公司	1350	4.50

续表

该企业生产的产品主要通过进出口公司外销，进出口公司主要包括上海××国际贸易有限公司、福建省××贸易有限公司、厦门市××对外贸易有限公司、福州××贸易有限公司、泉州××进出口有限公司、厦门××进出口公司、厦门××进出口有限公司、厦门××贸易有限公司、厦门××进出口贸易有限公司等，企业与客户的结算方式一般以银行转账汇款为主，结算周期一般为1~3个月，最长不超过6个月，账期均在1年以内，企业资产状况较好。该企业生产的产品主要通过以下三种模式销售：第一，进出口公司接单并通过其下订单（该类订单占20%~30%）；第二，企业自己接单，进行生产和销售；第三，企业自己接单再通过外贸公司进行出口代理（第二、第三种方式占企业订单的70%~80%）。目前企业主要合作渠道也很稳定，每年固定的15家合作公司一年可以为企业出口55%左右的货物。

【业务流程图】

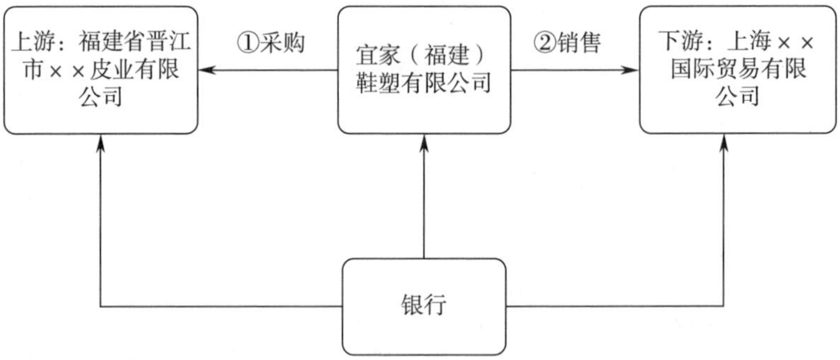

（3）财务情况

该企业财务状况良好，具有较强的盈利能力和较高的经营效率、较强的短期偿债能力，资产负债率适中，得到了各家银行的大力支持，融资渠道通畅。与银行合作以来，在各家授信银行的信誉良好，无不良记录。

总之，该企业目前经营状况良好、发展前景良好、财务状况良好，具备较强的还款能力。

2. 银行授信方案

授信方案			
额度类型	公开授信额度	授信方式	综合授信额度
授信额度（万元）	300	授信期限（月）	12

续表

授信方案						
授信品种	币种	金额（万元）	保证金比例	期限（月）	用途	收益
(1) 流动资金贷款	人民币	100	0	12	用于企业的一般性周转	银行可以获得可观的利息收入
(2) 银行承兑汇票	人民币	200	50	12	向上游企业支付货款	银行可以要求较高比例的保证金，银行吸收可观的保证金存款
授信性质	新增	本次授信敞口（万元）		200	授信总敞口（万元）	200
担保方式及内容	保证人：××（江西）轻纺有限公司；抵押物名称：土地及厂房					

【文本】

股权质押贷款

出质人（以下称甲方）：________________

质权人（以下称乙方）：________________

为确保甲、乙双方签订的____年____字第____号合同的履行，甲方以在____________投资的股权作质押，经双方协商一致，就合同条款作如下约定：

第一条 本合同所担保的债权为：乙方依贷款合同向甲方发放的总金额为人民币____________（大写）元整的贷款，贷款年利率为____________，贷款期限自____年____月____日至____年____月____日。

第二条 质押合同标的

(1) 质押标的为甲方（上述合同借款人）在____________公司投资的股权及其派生的权益。

(2) 质押股权金额为________元整。

(3) 质押股权派生权益，系指质押股权应得红利及其他收益，必须记入甲方在乙方开立的保管账户内，作为本质押项下贷款偿付的保证。

第三条 甲方应在本合同订立后10日内就质押事宜征得____________公司董事会议同意，并将出质股份于股东名册上办理登记手续，将股权证书移交给乙方保管。

第四条 本股权质押项下的贷款合同如有修改、补充而影响本质押合同时，双方应协商修改、补充本质押合同，使其与股权质押项下贷款合同规定相一致。

第五条 如因不可抗力原因致本合同须作一定删节、修改、补充时，应不免除或减少甲方在本合同中所承担的责任，不影响或侵犯乙方在本合同项下的权益。

第六条 发生下列事项之一时，乙方有权依法定方式处分质押股权及其派生权益，所得款项及权益优先清偿贷款本息。

(1) 甲方不按本质押项下合同规定，如期偿还贷款本息，利息及费用。

(2) 甲方被宣告解散、破产的。

第七条 在本合同有效期内，甲方如需转让出质股权，须经乙方书面同意，并将转让所得款项提前清偿贷款本息。

第八条 本合同生效后，甲、乙任何一方不得擅自变更或解除合同，除经双方协议一致并达成书面协议。

第九条 甲方在本合同第三条规定期限内不能取得____________公司董事会同意质押或者在本合同签订前已将股权出质给第三者的，乙方有权提前收回贷款本息并有权要求甲方赔偿损失。

第十条 本合同是所担保贷款合同的组成部分，经双方签章并自股权出质登记之日起生效。

甲方：（公章）

法定代表人（或委托代理人）：（签章）

____年____月____日乙方：（公章）

法定代表人（或委托代理人）：（签章）

____年____月____日

做信贷，一定要记住，要有自己的价值观，不要因为考核和短期的指标压力而使自己迷失方向。

五、汽车抵（质）押贷款

【产品定义】

汽车抵（质）押贷款是指金融机构以借款人（车辆所有权人）的非营运车辆作为抵押物或质押物发放的贷款。

【适用客户】

汽车抵（质）押贷款适用于持有车辆的借款人。

【产品特点】

汽车抵（质）押贷款具有手续简、速度快、使用灵活等特点。这类贷款往往适用于借款人的临时及小额需求。

在北京等控制汽车购买资格的城市，拥有汽车购买资格对所有家庭是一个重大事项，虽然汽车本身不值钱，但是拥有汽车购买资格的比率较小。

【抵（质）押物范围】

1. 购置车辆未满 1 年。
2. 车辆购置价格在 20 万元以上。
3. 非营运车辆。

【风险控制】

1. 必须对抵（质）押的车辆办理抵押手续，落实风险控制手段。
2. 汽车抵（质）押贷款的借款人资金用途必须落实，必须与其收入及身份特征相匹配。

【案例】

成都汽车抵（质）押贷款案例

吴××为成都××公司的员工，深圳人，在成都有房产，需要 5 万元出国旅行，于是向小额贷款机构申请了消费贷款。成都××小额贷款公司在了解了吴××的基本情况，以及吴××提供了车辆登记证、身份证、工作收入等证明后，小额贷款机构为吴××批复了 5 万元额度的贷款。

成都汽车抵（质）押贷款案例分析：在申请汽车抵（质）押贷款的时候，

除提供工作收入外，如果有额外的车辆证明，无疑能为自己的贷款成功审批加一把力。

六、供楼贷款

【产品定义】

供楼贷款是指金融机构向采取按揭贷款买楼业主提供的定向用于支付银行按揭贷款分期款用途的一种特定贷款。

【适用客户】

供楼贷款适用于采取按揭贷款买楼的业主个人和企业。按揭贷款买楼的客户往往收入稳定，资金量较大，属于金融机构的理想客户群体。这些业主有时会出现临时的资金紧张情况，需要小额贷款机构提供的贷款进行周转。

【风险控制】

风险控制的基础在于借款人的违约成本和收益计算。

由于借款人在购买房产时，贷款动辄在百万元以上，月还款都在万元左右，会存在临时性的资金周转短缺的情况。借款人会申请每月分期还款金额相对较小的贷款，贷款仅占购买房产金额的较小部分，借款人一旦违约，将引起交叉的连锁反应，一旦该贷款机构追偿，立即会引起其他银行的连锁反应，成本极高，通常借款人不会违约。

【营销建议】

金融机构可以将在银行办理房产按揭贷款的客户列入重点营销名单，由开发商或售楼代表推荐客户。

【案例】

××城集团股份有限公司分期供楼小额贷款

1. 客户基本概况

××城（控股）集团，投资家乡和祖国各地，构建了涵盖教育、酒店、旅游、房地产、金融、投资等产业的多元结构，并控股××城集团股份有限公司。

2. 授信方案

××城集团股份有限公司向金融机构推荐办理分期贷款的客户，由金融机构对分期贷款客户提供定向贷款，帮助客户解决临时的还款需要。

【点评】

金融机构选择客户的核心依据应当是收入稳定的优质借款人，还款能力较佳，而不是只要借款人提供了抵押和担保物，银行就一定提供贷款。

【文本】

承诺函

________________银行（小额贷款公司）：

根据贵行与我司于____年____月____日签订的合同编号为____________号的贷款协议，贵行已经向我发放________万元贷款，为了保证贵行的利益，特作如下承诺：

我司将确保将以上贷款资金用于办理__________支付__________（银行名__________）提供的在__________（合同编号__________）项下的按揭贷款的还款。

________________公司

年　　月　　日

一直在坚持的信贷逻辑：认准“赛道”，看清形势；只对发展趋势向好的企业提供贷款；保持勤奋和认真。银行的本质是资金的中介，而存贷款业务的本质是买卖信用。

七、薪资贷款

【产品定义】

薪资贷款是指按借款人月工资收入的一定比例，向借款人发放的以其个人工资收入作为还款保证的用于个人消费需求的贷款。

【贷款对象】

1. 具有中华人民共和国国籍和完全民事行为能力的自然人，有正式的工作，收入稳定。

2. 借款人工作单位经营稳定。

【申请条件】

1. 年龄为18~60周岁，持有效身份证文件。

2. 在本地工作或居住。

3. 能提供以下相关证明：

（1）最近3个月银行代发工资存折/账单；

（2）工作单位开具的工资单或收入证明（需加盖公司财务章/公章/人力资源章），并提供最近3个月个人主要使用的银行账户记录。

4. 住址证明（近2个月的水/电/燃气费用单等）。

5. 工作证明（聘用合同/工作证等）。

【贷款额度】

贷款金额不超过借款人的工资收入×90%×期限月份。贷款的最高限额为每笔不超过20万元。

【贷款期限】

期限不超过借款人的劳动合同期限，一般为1~2年。

【贷款利率】

贷款利率按中国人民银行的有关规定执行。借款期限在1年（含）以下，在合同执行期间如遇国家调整利率，合同利率不变；如借款期限在1年以上，借款利率实行1年一定，满1年后，如遇国家调整利率，合同利率应按新的法定利率确定。

【贷款流程】

1. 借款人向金融机构提出个人工资贷款申请。

2. 金融机构在收到借款人申请及符合要求的资料后，在规定时间内按规定对借款人的资信情况、偿还能力、材料的真实性进行审查，并向借款人作出答复。

3. 金融机构与借款人签订借款合同，发放贷款。

【还款方法】

贷款实行按月等额还本付息。

【风险控制】

1. 对于一些工作频繁变更、收入不稳定的年轻借款人，银行要非常慎重。

2. 对于一些从事高危行业的借款人，银行要非常慎重。

【案例】

企业白领薪资贷款案例

1. 客户基本概况

张××在北京一家国有单位工作，工作时间5年，目前月收入6000元左右。张××准备和朋友合资开一家快餐店，但是资金不够，还需要15万元的资金投资，想从银行贷款获得，暂时没有可以向银行提供的抵押物，也没有担保人。

2. 银行授信方案

银行了解到张××虽然还不能提供足够的资产作为抵押物进行贷款，但是具有单位5年以上的工作时间，工资收入稳定，可以通过无抵押、无担保的个人信用薪资贷款获得资金，此类贷款只要借款人有稳定正式的工作收入是可以向银行申请的，一般能贷到的额度为月工作收入的5倍左右。张××个人资信状况良好，并能提供工作证明和收入证明等其他被要求提供的资料，银行经审核同意为张××授信15万元的贷款申请。

【点评】

代发工资业务属于各家银行应当大力发展的业务，属于抓住入口的业务品种。抓住了工资信息，就基本抓住了借款人最主要的现金流，个人工资现金流属于最可靠的还款来源。

【文本】

收入证明

________________银行：

特证明（人名）____________为我公司员工。该同志在我公司工作，年收入为________万元，（身份证号码：____________）。

________________公司（人力资源部）

年　　月　　日

八、房地产抵押贷款

【产品定义】

房地产抵押贷款业务是指金融机构对借款人以房地产作为抵押担保物发放的一种贷款。

【适用客户】

房地产抵押贷款业务适用于拥有房地产的借款人，其可以是自然人和小微企业。

【产品特点】

房地产抵押贷款业务具有手续简、速度快、可办理循环授信、使用灵活等特点。

【抵押物范围】

房地产抵押贷款业务的抵押物为个人或公司拥有全权处置权的商品房、公寓、别墅、四合院、经济适用房、成本价房（含央产房）、危改回迁房；商铺、写字间等商业用房；厂房、土地以及在建工程等。

【风险控制】

房地产抵押贷款业务必须要对房地产进行评估，合理估值，并要求借款人对抵押的房地产项目投入保险，受益人为金融机构。

【案例】

南京××装饰市场经营管理有限公司授信方案

1. 客户基本概况

南京××装饰市场经营管理有限公司，市场各项经营体系日臻完善，目前形成以专业化家具、建材、陶瓷、五金、板材、木材、铝型材、管材、大型综合工程材料、进口石材加工厂、石材、配套堆场、仓库等众多民用、工程用建筑材料为主要引进行业的大型卖场。卖场集聚众多如卫浴、陶瓷、地板、灯具、红木、欧式套房等国内外知名品牌。

借款人经营的品种除水泥、钢材、铝材、石材、地板木材、玻璃、建筑陶瓷、厨卫设备、门窗、油漆涂料、石膏制品、建材管件、五金工具、电工电料、电器、灯饰、布艺用品、家具、园艺等产品外，还包括家电、中央空调、电信电缆、消防器材以及市政道路建设的主要产品。

2. 银行授信方案

（1）授信方案。

<table>
<tr><td colspan="7">授信方案</td></tr>
<tr><td>额度类型</td><td colspan="3">公开授信额度</td><td>授信方式</td><td colspan="2">综合授信额度</td></tr>
<tr><td>授信额度（万元）</td><td colspan="3">100</td><td>授信期限（月）</td><td colspan="2">12</td></tr>
<tr><td>授信品种</td><td>币种</td><td>金额（万元）</td><td>保证金比例（%）</td><td>期限（月）</td><td>用途</td><td>收益</td></tr>
<tr><td>流动资金贷款</td><td>人民币</td><td>100</td><td></td><td>12</td><td>用于企业的一般性周转</td><td>银行可以获得可观的利息收入</td></tr>
</table>

续表

授信品种	币种	金额（万元）	保证金比例（%）	期限（月）	用途	收益
授信性质	新增	本次授信敞口（万元）		100	授信总敞口（万元）	100
担保方式及内容	抵押物名称：商业营业用房					

担保方式：由企业抵押商业营业用房作为此次信用授信额度担保。

(2) 用于补充企业流动资金支付货款购买建材，设定南京××（集团）有限责任公司商业用房进行抵押担保。

①借款人是一家运作规范、产权明晰、法人治理结构健全、财务状况和信誉良好的企业。管理层经验丰富，具有较广的社会资源，具备相当的竞争优势。比如，银行发放该笔贷款可带来稳定利息收入，同时对私人业务发展、中间业务收入相关业务将带来很大的促进。

②借款人以南京××（集团）有限责任公司位于汉中路27号第5层商业营业用房向银行申请综合授信900万元的流动资金贷款，其抵押物价值预计评估价值为1758万元（抵押率为52.76%），该价值足以有效覆盖银行的贷款。同时，抵押物地理位置优越，具有较大的稳步升值潜力。

③借款人用途属实、经营稳健、财务状况较好、财务结构合理，资金处于回笼期，开业14年以来一直能产生较大的现金流。

④本次授信的劣势：借款人的建材贸易业务量会受市场行情影响，应随时关注借款人的正常经营情况。

客户经理要做的三件事：一是尽可能多地了解客户的真实经营情况并抓住核心问题；二是核实这些情况的真实性；三是对贷款能否通过银行审查作出自己的判断。

九、信用保证贷款

【产品定义】

信用保证贷款是指由专业担保机构或有实力的第三方提供信用保证，

由金融机构发放的一种担保类型贷款。

【业务流程图】

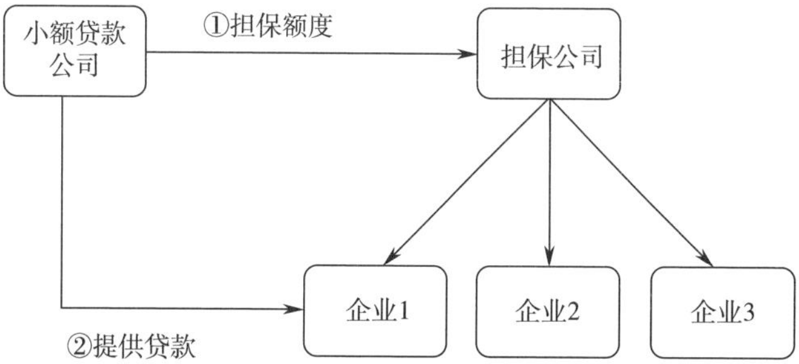

图2-4　信用保证贷款业务流程

【适用客户】

信用保证贷款适用于经营有销路、收入来源稳定的小微企业或个体工商户。

【担保方要求】

大型专业担保公司，优先选择国有担保机构、国有或国有控股大型企业。国有大型担保公司普遍注册资本较大，经营管理规范，基本没有抽逃资本金的问题，对金融机构保证程度较高。

【营销建议】

各地纷纷设立省级、地市级高信用的大型担保公司，这些担保公司实力极强，有较好的资源，可以作为重点展业客户群体。

【案例】

××中小外贸企业融资担保中心平台模式化方案

1. 客户基本情况

××中小外贸企业融资担保中心实收资本为5050万元，其中50万元为申请登记时的开办资金，5000万元是××市商务发展专项资金，本单位经费来源类型是非财政补助类。担保中心实行企业化管理，自收自支、自负盈亏，收入主要为财政补助收入和担保费收入。

担保中心为××市商务委管理的自收自支事业单位，等级规格相当处级，事业编制8名，其中主任1名，副主任1名。主要设置如下职能部门：综合办公室、财务部、业务部、风险控制部，并对各部门的职权范围作出了明确的规定。

担保中心的主营业务：根据相关政策规定，对全市各种所有制中小外贸企业贷款、贸易融资、项目融资、票据承兑、信用证业务等提供担保服务。

2. 银行授信方案

①融资对象资格。

◆中小外贸企业需经市内工商行政管理局注册，具有独立法人资格；上年度进出口额为4500万美元以下（根据商务部和财政部对中小外贸企业的认定标准），且产权明晰、自负盈亏。

◆符合金融机构外贸中小企业贷款条件，贷款项目、贷款用途符合国家产业政策及环保要求，生产的产品有市场、有一定技术含量和领先优势，能够取得良好的经济效益。

◆企业管理团队（或实际控制人）品行良好，无违法行为和不良信用记录。

②业务品种。以短期授信业务为主，融资期限原则上不超过1年，业务品种为授信开证、进口押汇、出口押汇、打包贷款、福费廷、保理业务、保函业务等相关的贸易融资业务。

③贷款企业在金融机构开立结算账户，中小外贸企业融资担保中心在金融机构存入担保额度20%的保证金（单笔单存）。

④融资利率。按照中国人民银行当期公布的基准贷款利率执行。

3. 业务开办流程

①向银行上报担保中心的金融服务方案。

②银行批复方案后，将业务操作方案、批复意见、授信材料一同提交有权审批部门，核准担保中心的担保额度。

③小额贷款金融机构及市商务委与担保中心相互推荐客户，明确业务合作对象。

④金融机构会同担保中心开展独立贷前调查。

⑤担保中心在金融机构存入担保额度20%的保证金，同时××××保险公司××分公司对需要融资的外贸企业提供短期出口信用险产品服务，

量身定做保单。

⑥授信审批通过后，落实担保中心对贷款企业的连带责任保证担保及相关担保合同的签订。

⑦按金融机构放款审批流程完成放款。

⑧代偿流程：如遇被担保企业发生逾期，金融机构有权直接扣划其保证金用于归还相应债务。担保赔付期为 30 天，该期间金融机构将根据双方签订的保证合同约定积极配合担保中心进行催收。担保中心承担净损失的 100%（净损失包括本金、利息、复利、手续费、律师费用、公证费用等）。

【点评】

中小外贸企业融资担保中心建立的宗旨是解决市内中小外贸企业贷款担保难的问题，为外贸企业创造平等的竞争环境，支持鼓励和引导民营企业尤其是科技型中小企业健康发展，担保中心旨在充分利用政府资源，帮助中小外贸企业突破制约发展的融资瓶颈。坚持市场化运行原则：公开、公平、公正，诚实守信，控制风险，保值运营。

担保公司属于重要的平台型客户，有着大量的中小企业资源，银行可以与担保公司合作，有担保公司推荐客户，银行提供信贷资金。担保公司应当选择经营规模较大、股东背景实力雄厚的大型担保公司。

十、应收账款质押贷款

【产品定义】

应收账款质押贷款是指以小微企业持有的优质大型企业的应收账款质押作为风险缓释手段，金融机构对小微企业提供的一种贷款业务操作。

【适用客户】

应收账款质押贷款适用于发展前景良好、拥有大量优质下游企业的应收账款，并经应收账款的债务人确认、缺乏足额抵押物又需弥补流动资金的企业。

表 2－1　应收账款质押贷款适用客户及行业

项目	适用客户	行业
1. 大型电商应收账款	京东、苏宁等	
2. 大型三甲医院应收账款	各地三甲医院应收账款	药贸、药械商
3. 政府公共资源交易中心应收账款	地市公共资源交易中心	各地施工企业
4. 大型开发商应收账款	万科、保利、龙湖等确权应收账款	钢贸、水泥、园林等
5. 电网等应收账款	电网确认应收账款	电缆、电力施工

【基本规定】

单笔最高达 3000 万元，申请额度为应收账款的 70%。

【产品优势】

1. 缩短下游购货商占用货款时间，加快资金回笼。

2. 直接盘活应收账款资源，省去了寻找担保公司的高昂成本和寻找其他第三方担保的困难。

【风险控制】

1. 金融机构必须落实应收账款为优质的应收账款，应收账款对应的买方为大型企业，其实力较强、付款能力较佳。

2. 要防止在多笔应收账款池融资业务中的造假行为。开始，核实过供应链融资业务所需要的应收账款合同、相关发票与贸易背景，并在确认真实无误后放款。防范利用真假合同掺半的方式蒙混过关，并精心伪造应收账款合同和相关发票等进行诈骗。

【案例】

萍乡市××实业有限公司应收账款质押融资案例

1. 客户基本概况

卖方介绍——萍乡市××实业有限公司（以下简称萍乡市××公司）

注册资金为1000万元，主营业务为电煤贸易，主要为湖南××燃料开发有限责任公司（以下简称湖南××公司）等发电企业供应电煤，根据该企业与湖南××公司签订的煤炭购销合同，其年供应江西地方煤35万吨，具体以××电力的月度供煤计划发运。湖南××公司为国内五大发电集团××电力的煤炭采购部门，信誉好、合同执行力强。

买方介绍——湖南××燃料开发有限责任公司是经集团公司湖南分公司批准，得到集团公司同意，负责组织协调集团公司在湘发电企业燃料工作的专门机构，同时也是为股东单位进行燃料组织和服务的经营企业。该公司以确保电力燃料供应为目的，以提供优质服务为宗旨，并兼管投资经营中心煤场、铁路专用线、运输车辆、煤矿开发、洁净煤生产等与电力燃料供应紧密相关的领域。该公司股东由湖南××电力股份有限公司、耒阳××实业有限责任公司、湖南××投资股份有限公司、湖南冷水江××电力修造开发总公司和湖南石门××实业有限责任公司组成。

萍乡市××公司与湖南××公司签订合同，商定年供应电煤35万吨，月最低供应电煤2万吨，低于2万吨，按照5元/千卡扣减结算价格，因此萍乡市××公司会在确保月供应2万吨的基础上与××电力进行结算，以确保销售价格。根据双方以往的交易记录，萍乡市××公司均能按照合同约定供应电煤，与湖南××公司保持了良好的合作关系，湖南××公司按照合同约定及时支付煤款，履约情况良好。

2. 银行授信方案

（1）授信方案。

卖方：流动资金贷款

买方：应收账款质押

销售商品：电煤

应收账款质押融资额度：人民币1000万元

业务类型：供应链融资

卖方协议文本：是否采用金融机构标准应收账款质押/转让登记协议和委托收款及账户质押协议。

应收账款转让通知方式：卖方融资前通知，买方签署应收账款债权转让通知书回执提交金融机构。

买方付款方式及付款路径：卖方若以电汇付款，则付至买方在金融机构开立的监管账户；若以银行承兑汇票方式付款，则要求卖方将银行承兑汇票直接交付至金融机构，并将贴现资金直接划入监管账户。

融资比例：合格应收账款（发票金额）的60%

授信期限：1年

是否在授信期限内循环使用：是

资金用途：购买原煤

（2）供应链安全性分析。

萍乡市××公司具备一条20万吨/年的洗煤设备，年洗煤能力达到20万吨，同时在萍乡白源火车站旁有专用货场进行配煤，本地煤与外地优质煤进行搭配符合电煤要求，再将配好的电煤通过火车运送至××电力指定的电厂，从企业的设备和原煤供应情况看，公司具备履行年供应35万吨电煤的能力。

（3）付款期限。

为了尽可能地保护自身利益，萍乡市××公司一般以供煤达到2万吨为结算周期，以求价格为最高。根据萍乡市××公司的选配能力，2万吨煤的选配需要22~25天，加上验收合格及结算时间，时间约为35天。

【点评】

萍乡市××实业有限公司资金实力雄厚，履约能力较强。根据双方以往的交易记录，双方均履约情况良好，货款回笼有保障。萍乡本地低质煤资源丰富，价格相对低廉，通常需要经过选洗后与外地的优质煤进行参配，萍乡周边的攸县、浏阳等地煤炭质量相对较好，能够达5000大卡左右，煤炭资源也比较丰富，价格基本随着市场行情变化而变化。

萍乡市××实业有限公司与湖南××电力燃料开发有限责任公司签订的合同价格不会锁定，基本以市场行情确定当期价格，因此价格的变化基本上传导给下游电厂，中间商影响较小。贷款如同成长中的粮食和营养成分，一家小微企业要想获得发展，需要不断从外界取得营养，不断充实自己。所以，每家小微企业要想快速发展，一定要和金融机构搞好关系，一定要尽可能不断去购置银行可以接受的抵押物和担保物，从而再次将抵押物和担保物质押，取得融资，从而滚动发展壮大。

> 客户经理在确定每笔贷款的条件时，就是为客户“量身定做”的过程，就像一名营养师，为客户提供最佳的食谱套餐。巧妙的组合贷款、票据、供应链融资各种金融产品，最符合客户的需要。

十一、风投公司担保短期周转贷款

【产品定义】

风投公司担保短期周转贷款是指已与投资机构签订正式投资协议，暂时投资款未到位而有资金需求的企业，以风投公司后续到位资金作为还款来源的，由金融机构发放的一种贷款。

【适用客户】

风投公司向金融机构推荐，并提供确认提供注资的书面承诺。金融机构与风投公司签订合作协议后，即可放款。

很多优质的小微企业，经营发展势头非常看好，这类客户往往是风投追逐的对象。这些优质小微企业往往不急于在早期引入风投，而是由风投公司提供担保方式，帮助其获得金融机构的贷款。一年后，将风投公司投入的资金用于归还银行贷款。这种方式，优质的小微企业可以获得更有优势的引资报价。

【基本规定】

贷款期限不超过 12 个月，单笔最高达 1000 万元。

【风险控制】

1. 金融机构必须选择实力强大的风投公司提供担保，并与风投公司签订连带责任担保协议。

2. 核定贷款的基本准入考虑应当是风投公司的强大实力，而且必须是无条件担保函。

【案例】

××技术股份有限公司案例

1. 客户基本情况

××技术股份有限公司是深圳市政府确定的深圳市第一批自主创新行业龙头企业（集成电路设计类），以研发集成电路产品为主业，其产品发展方向、产品技术在同等规模的高新技术企业以及集成电路设计企业中处于优势地位。

2. 银行授信方案

深圳××创新投资有限公司计划对该公司进行投资，但是，该公司认为公司发展潜力极大，吸引风投股东进入，对实际控制人股份稀释过多。小额贷款金融机构建议，由深圳××创新投资有限公司提供担保，金融机构给予金国技术1000万元贷款。在贷款1年到期后，由深圳××创新投资有限公司再对该公司进行股权投资，以股权投资置换金融机构贷款。

操作信贷业务，要仔细地“度量”客户的需求和他的能力。考虑需求要全面，要确保这笔贷款能合理地满足客户需要，不要超；考虑能力要多做压力测试，要确保企业能够偿还这笔贷款，不出风险，供给要合理适度。

十二、投标保证金定向贷款

【产品定义】

投标保证金定向贷款是指参与政府及特大型企业集中采购、产品供货采购招标项目的小微企业，由金融机构提供的用于支付投标保证金的一种定向贷款业务。

【业务流程图】

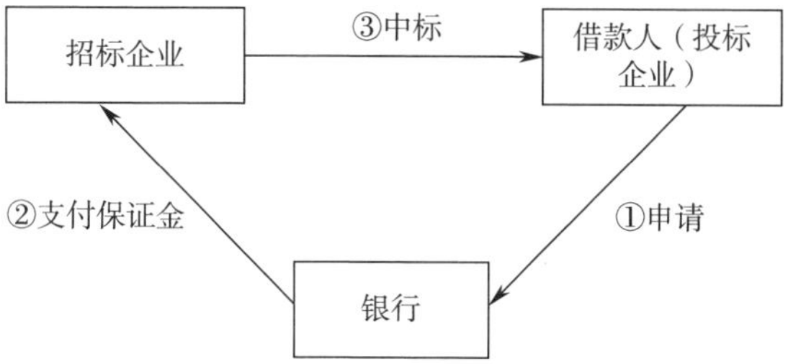

图 2－5　投标保证金定向贷款业务流程

【适用客户】

1. 参与各项工程投标的企业主体主要是中小施工企业等。

2. 参与政府设备公开招标的中标企业主要是办公用品及耗材等供应商。

【基本规定】

单笔最高贷款额达 3000 万元，无须担保，流程简化便捷，账户监督，资金封闭运行。

【风险控制】

金融机构必须先看中借款人，对借款人核定授信额度，审批抵押条件，委托评估公司对设备进行评估。如仍认为有风险，可以要求借款人追加第三方公司担保。

【营销建议】

公共资源交易中心可以作为重要的渠道类客户群体，金融机构与地方公共资源交易中心联系，由公共资源交易中心推荐客户名单，银行对客户发放定向贷款，缴存保证金。

【案例】

超额履约保证金贷款业务案例

1. 客户基本概况

四川省内部分高速公路项目业主在开展项目招标工作时，为确保中标人按时优质完成工程施工，在招标人估算价与中标人中标价之间价差较大，且低于招标人估算价一定比例时，会要求中标人提供超额履约担保，不接受保函就必须缴纳现金保证金。超额履约保证金存放在项目业主的银行保证金账户中，根据合同实施进度逐步退还给施工企业，若发生工程质量等问题，项目业主有权扣划这部分保证金。据了解，一般情况下招标人估算价包含10%左右的风险准备金及一部分合理利润。因此，施工企业即使在低价中标情况下仍有10%以上的利润率，理论上不会出现因低价中标直接导致工程质量无法保证等违约情况，且实际运行过程中还未出现过项目业主扣划超额履约保证金的情况。

由于业主只接受施工企业以现金形式提供超额履约担保，增加了施工企业完成项目所需的资金量，而超额履约保证金本身基本不具备流动性，若施工企业以自有资金缴纳，将严重占用企业营运资金，甚至妨碍企业做大做强。从另一角度看，超额履约保证金是一项非常稳定的存款，若小额贷款金融机构为施工企业缴纳超额履约保证金的需求提供贷款支持，至少可带来1:1的存款回报。

2. 银行授信方案

（1）以施工企业与川高系、路桥系公司在某高速公路项目上的合作为基础，以该高速公路项目建设资金基本落实为前提，给予施工企业专项授信额度，授信品种为贷款，期限视项目具体情况而定，贷款限定用于缴纳超额履约保证金，采用受托支付方式，放款后直接划转至项目业主在金融机构开立的保证金账户。

（2）施工企业、项目业主及金融机构签订三方协议，约定业主方将按工程进度退还的履约保证金划付至施工企业在金融机构的保证金账户；施工企业与业主方未发生履约纠纷时，业主方不得划转或使用该履约保证金，因工程质量等因素发生履约保证金扣划时，施工企业须及时将被扣划的同等金额资金缴存至上述保证金账户。施工企业在金融机构保证金账户资金仅限用于偿还金融机构的贷款。

（3）模式总结。

①该业务模式下控制授信风险的核心在于两点：一是选择综合实力强、建设资金基本落实的项目业主，这类业主有实力按期支付工程款，不会存在恶意扣划保证金的动机，只要施工企业正常履约，即可顺利收到工程进度款和业主返还的超额履约保证金；二是通过签订三方协议，锁定了贷款资金的用途和还款来源，并实现相对封闭运行。

②从实际运行情况看，超额履约保证金被扣划的概率很小，金融机构贷款到期可直接以超额履约保证金偿还，在很大程度上可弱化对施工企业综合偿债能力的考量和担保措施的要求。即使出现项目业主扣划超额履约保证金的情况，金融机构也可通过及时要求借款人补缴保证金的方式防范风险。

总体来看，该项业务风险可控、回报较高，值得大力拓展。

核心客户的配合度是我们在开展业务时风险控制的核心节点，这是一切业务可以叙做的先决条件。如果风险不能得到有效控制，那么看起来再美好的方案、再吸引人的收益都是海市蜃楼。因此，在开展业务过程中，辩证地而不是固定不变地看待同类型的事情和选择合适的营销通路有时是取胜的关键所在。

> “嫌货才是买货人”——只有真正有信贷需求并考虑未来还款的客户才会对贷款条件、还款方式、合同条款等重视和挑剔，这些客户往往会在贷款金额、期限、利率、还款方式等方面与信贷机构反复磋商。

十三、二手房按揭房产贷款

【产品定义】

二手房按揭房产贷款是指金融机构向购买二手房的业主发放的专项用于支付房屋款的一项特定贷款业务。

【借款人应提供的材料】

1. 夫妻双方身份证、户口簿/外地人需暂住证和户口簿。
2. 结婚证/离婚证或法院判决书/单身证明 2 份。
3. 收入证明。
4. 所在单位的营业执照副本复印件（加盖公章）。

【房屋卖主应提供材料】

1. 夫妻双方身份证、户口簿、结婚证。
2. 房产证。
3. 原贷款公司的提前还款申请书。

4. 原贷款的借款合同。

5. 原房屋买卖合同。

【贷款流程】

1. 资料齐全且买主存足首付款之后报送金融机构审批。

2. 同原贷款银行约提前还款时间。

3. 同卖主一同办理提前还款手续，取回房产证书及还清款项证明。

4. 解除抵押登记并办理过户手续。

5. 卖主凭契税票直接到金融机构领取剩余房款。

6. 同买主一起领取房产证并办理抵押登记手续。

【利率及还款方式】

借款双方经协商确定，可以选择浮动利率或固定利率。还款方式一般分为两种：

1. 等额本息还款法。

等额本息还款法，即贷款期每月以相等的额度平均偿还贷款本息，每月还款计算公式为

每月还款额＝［贷款本金×月利率×（1＋月利率）×还款月数］÷［（1＋月利率）×还款月数－1］

备注：贷款总额以万元为单位乘以贷款利率表上年限所对应的还款金额。

2. 等额本金还款法。

等额本金还款法（利随本清法），即每月等额偿还贷款本金，贷款利息随本金逐月递减，每月还款额计算公式为

每月还款额＝（贷款本金÷贷款期月数）＋（本金－已归还本金累计额）×月利率

备注：现在银行一般多采用按月付息到期还本方式还款。

【案例】

北京市××服装百货市场法人客户商业用房按揭贷款案例

1. 客户基本概况

（1）基本情况。

××服装百货市场设有400个摊位，主要经营服装百货，经营面积达

3000 平方米，当时营业执照只能办成股份合作制。

××服装百货市场保持了很高的信誉，面向的社会群体非常广泛。市场位于学院路与学清路交汇处，其地理位置在京城具有极大的优越性，周边有众多著名学府，广大的师生群体已经构成了庞大的购买群体，知名度早已传遍北京及周边地区，加之周边还有一些高品质居住小区，更加丰富了本市场的客源。

（2）项目情况。

项目本身通过自行出租的经营模式来收取租金，其每年的租金收入就达 2000 万元，加之公司法人旗下的北京××宾馆有限公司、北京××之家国际酒店有限公司的经营收入，合计也在 1500 万元左右。另外，一股东个人名下还有多套房产，在银行还有数额较大的个人存款，其配偶在银行的各项资产合计也有 1200 万余元。综上所述，借款人北京市××服装百货市场中心尚无较大还款压力。

借款人主体为民营企业。企业主体主要由个体股东组成，无大型国企或政府机构参股，背景比较单一，主要靠自有资金投资经营，自身实力较弱，融资途径少，资金周转成本比较高。

（3）需要分析或说明的其他问题。

①房屋买卖合同。

日期：2019 年 11 月 7 日

卖方：北京××城投资发展股份有限公司

买方：北京市××服装百货市场

房产地址：万寿路 68 号 A 座 A1、B 及 2 层、3 层、4 层

房产建筑面积：13711.63 平方米

土地使用年限：50 年，从 2015 年 11 月 17 日至 2065 年 11 月 17 日。

房屋所有权证书：京房权证

单价：每平方米 1.5 万元

购房价款：20567.445 万元

分期付款利息和购房总价款：21196.81 万元

逾期付款责任：逾期付款超过 60 个工作日，卖方有权解除合同。买方如继续履行合同，支付逾期 60 个工作日内违约金，每日万分之四；超出 60 个工作日，每日万分之八。买方选择解除合同的，买方支付每日每

平方米3.8元的房屋使用费。

②已支付购房凭证。

提供北京××城投资发展股份有限公司开具的6张购房款发票，总计金额16365万元。

2. 银行授信方案

（1）授信方案。

授信方案						
额度类型	内部授信额度		授信方式	单笔单批额度		
授信额度（万元）	500		授信期限（月）	60		
授信品种	币种	金额（万元）	保证金比例	期限（月）	用途	收益
法人客户商业用房按揭贷款	人民币	500	0	60	用于提前收回房款	银行可以获得可观的购房客户群体，获得可观的贷款利息收入
授信性质	新增	本次授信敞口（万元）		500		
担保方式及内容	抵押物名称：北京市××服装百货市场					
北京××业投资担保有限责任公司在抵押登记完成前承担阶段性连带责任担保						

项目简要说明：卖方为北京××城投资发展有限公司，项目名称是北京市万寿路68号京俞大厦（A座）1层A1、B及2层、3层、4层，建筑面积为13711.63平方米，经营使用面积为13000平方米，双方已于2019年11月7日签订了房屋买卖合同，付款方式为按协定的要求分期支付，购房总价为211968088.17元（其中房价为205674450.00元，分期付款利息为6293638.17元），目前买方北京市××服装百货市场已付了163652190.42元的合同房款，剩余5000万元的房款通过在银行申请按揭贷款一次性付清。

授信品种为法人商业用房按揭贷款，贷款期限为5年，利率按银行规定要求执行。

（2）担保方式。

①北京××业投资担保有限责任公司在抵押登记完成前承担阶段性连带责任担保。

②申请人北京市××服装百货市场获得贷款资金后办理产权过户，并将产权证抵押给银行（通过购房总价及申请的贷款金额测算出抵押率为23.56%）。

③法人承担个人无限连带责任保证。

④抵押登记完成后解除北京××业投资担保有限责任公司的阶段性连带责任担保。

（3）还款来源。

①综合收入：本房产项目所处地理位置在京城具有极大的优越性，周边拥有众多著名学府，广大的师生群体已经构成了庞大的购买群体，知名度早已传遍北京及周边地区，市场价值早已超过当初借款人签订房屋买卖合同的购买总价。

②还款方式：按季等额还款，贷款利率为基准利率上浮10%，贷款期限为5年，因此每季度还款约为330万元。

③贷后管理：监管还款收入，要求借款人在银行开立结算户，全部经营收入必须在银行进行结算处理。

十四、农户经营性贷款

【产品定义】

农户经营性贷款是指在城乡接合部的农村，凡拥有宅基地、自建房、出租收入、分红收入或者其他生意收入的农户，通过签订自建房抵押合同并质押相关证件从而发放的贷款。

【产品特点】

1. 同村3~5户农户组成联保小组，无须办理抵押登记手续。
2. 服务快捷，符合条件的申请者在调查之后的3个工作日即可获得贷款。
3. 采用灵活的还款方式，为贷款者减轻还款压力。

【业务流程】

1. 借款人向金融机构提交借款申请。
2. 金融机构对借款人调查。
3. 金融机构审核通过。
4. 金融机构与借款人签订贷款合同。

【案例】

北京×××农民房屋出租贷款

北京×××属于城乡接合部，有大量的白领在此地租房。×××本地农民较多，由于地理位置较为优越，农民在当地自家的宅基地纷纷建起三层小楼，用于出租。

由于需要对房屋进行精装修、购置部分电器等，需要向小额贷款金融机构申请贷款。金融机构评估，农民出租房收入非常稳定，而且本地租赁市场极为活跃，提供了一定额度的贷款。

十五、动产质押小微贷款

【产品定义】

动产质押小微贷款是指金融机构委托第三方专业监管公司对企业库存进行动态监管，按最低库存额度给予企业不高于进货价格一定金额的贷款。

【适用客户】

1. 商贸类企业，对于贸易类小微企业量身定制的贷款，充分盘活企业的存货，认可的货物包括建材、煤炭、汽车及配件、医药、油品等。

2. 制造类小微企业，小微制造企业、有色金属加工企业等客户，原材料易变现，价格透明。

3. 港口临时存货企业，针对港口临时存货的小微企业，银行提供临时盘活存货贷款。

【产品优势】

通过盘活生产及存储过程中的存货，取得金融机构的贷款融资，这种操作方式成本极低。相对于寻求担保公司担保和股权质押，更容易获得小微企业认可。

【风险控制】

1. 必须做好对质押存货的估值，并进行妥善保管，防止借款人私自挪卖货物。

2. 应当将存货移到监管公司控制的仓库，而非借款人自有仓库进行监管。

3. 防止一货二押，借货抵押，银行抵押债权出现悬空风险。

【案例】

东丰县××工贸有限公司动产质押贷款案例

1. 客户基本概况

东丰县××工贸有限公司（以下简称东丰公司）注册资金为1000万元，该公司主要业务范围为玉米收储和销售，经销酒精及饲料。

该公司的上游企业主要为××商事（中国）贸易有限公司（以下简称公司），公司为中日合资公司，是一家有实力、有影响的综合性经营企业，东丰公司主要与其在上海设立的分公司合作。公司的下游客户主要为东丰县××生化有限公司，为政府批准的农业产业化重点龙头企业，年消耗玉米20万吨左右。酒精及饲料的下游企业则主要集中在北京、天津、石家庄、辽宁、吉林、唐山等地。酒精及饲料销售主要面向二级供应商，销量稳定、客户忠诚度高、产品覆盖面广、市场占用率高。

【业务流程图】

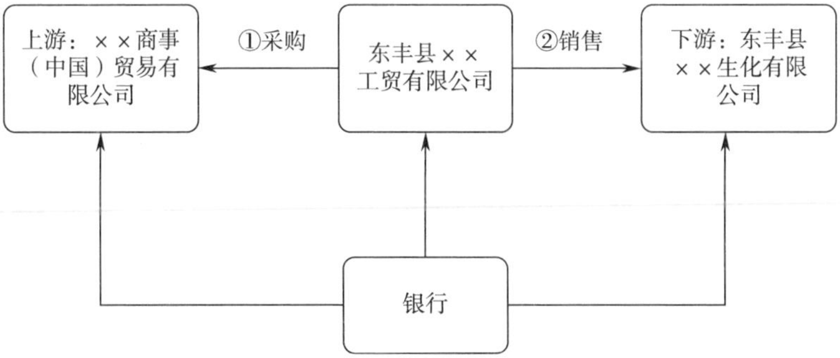

2. 银行授信方案

（1）授信方案。

授信方案						
额度类型	公开授信额度		授信方式	综合授信额度		
授信额度（万元）	300		授信期限（月）	12		
授信品种	币种	金额（万元）	保证金比例	期限（月）	用途	收益
流动资金贷款	人民币	300	0	12	用于企业的一般性周转	银行可以获得可观的利息收入

续表

授信方案						
授信品种	币种	金额（万元）	保证金比例	期限（月）	用途	收益
授信性质	新增	本次授信敞口（万元）		300	授信总敞口（万元）	300
担保方式及内容	质押物名称：玉米					

担保方式。由东丰县××工贸有限公司用玉米作为抵押担保。

（2）授信优势。

①本次授信符合银行信贷投向政策。

②借款人属于当地龙头企业，有国家政策支持，给其授信，无政策性风险。根据国家新的粮食物流发展规划，粮食行业能得到国家的重视和支持。

③作为长期经营粮食购销企业，借款人处于当地行业领先地位，在政策、资源、物流系统、仓储设施等各方面具有优势，收购、运输、销售、仓储各环节都有保障。目前购销模式为以销代购，所以货款回收基本有保证，且购买价格与销售价格基本锁定，因此授信还款来源比较有保障。

④行业风险低。粮食属于战略储备物资，关系到国计民生，近几年价格一直呈上涨趋势，行业风险低。

⑤综合收益高。本次授信属现货货押业务，50%的保证金。通过此笔业务，可带动资产业务、负债业务、中间业务的全面提高，综合贡献度高。

（3）授信劣势。

①利润低。粮食行业的特殊性决定了经营粮食企业必然是微利企业，但企业规模和行业地位决定了企业的运营思路，未来必然有一个大踏步发展的前景。银行与之开展合作，也是看中了规模效应，通过上规模，求得长期、全面、稳定的银企合作。

②粮食收购时间集中度高。玉米的收购时间主要集中在每年10月至次年4月，如收购期开始不能保证收购资金的充裕，将错失市场，影响企业利润。

（4）对本次授信的风险是否可控以及效益与风险能否平衡。

①市场风险。根据企业历年粮食购销水平和粮食市场的现状，可以判定此次授信的业务背景真实合理；从粮源方面，粮库位于粮食主产区，又因为企业同农民长期合作，价格合理、信誉良好，农民愿意将粮食卖给企业，所以企业能够保证充足的粮源。从下游分析，公司与各地的粮食、酒精和饲料需求商保持了良好的合作关系，市场前景良好。

②价格风险。本次授信采用现货质押，银行指定专人负责跟踪质押货物市价变动情况，当质押货物市价下跌幅度超过设定警戒线（10%）时，银行将立即要求申请人追加保证金或质押物，逾期未补或未补足追加保证金或质押物的，则要求企业以自有资金偿还银行贷款本息。

③操作风险。本次授信属货押业务，采用现货质押。严格按照银行货押方案批复操作业务，由银行指定机构进行粮食货物监管，能够保证货物安全，更能从根本上锁定风险。同时，银行定期或不定期地按每月1~2次的频率对借款人的仓库进行巡查，及时检查质押物数量是否短缺、质量是否变化、出库是否合规。

④质押货物风险。本次为货押业务，所质押的货物为玉米，银行对质押物做到“三专”（专人、专仓或专垛、专账）、“四落实”（数量、质量、品种、地点），严格控制质押风险。

【文本】

合同编号：　　年　　字　　号

动产质押合同

出质人（甲方）：________________

住所（地址）：

法定代表人：

质权人（乙方）：________________

住所（地址）：

法定代表人（负责人）：

为了确保____年____月____日（借款人）与本合同乙方（贷款人）签订的____年____字第____号《借款合同》（以下简称主合同）项下借款人的义务得到切实履行，甲方愿意向乙方提供质押担保。为明确双方的权利和义务，依照《中华人民共和国民法典》及有关法律法规，甲、乙双方经平等协商一致，订立本合同。

第一条　被担保的主债权种类及数额

本合同所担保的主债权为乙方依据主合同发放的贷款，金额为人民币________万元。

第二条　主合同借款人履行债务的期限

主合同借款人履行债务的期限为____月，从____年____月____日起至____年____月____日止。如有变更，依主合同之约定。

第三条　质押担保范围

甲方质押担保的范围包括：主合同项下全部借款本金、利息、罚息、复利、违约金、赔偿金、保管费用、实现质权的费用和所有其他应付费用。

第四条　质物

1. 质物情况详见“质物清单”。

2. “质物清单”对质物价值的约定，不作为乙方处分该质物时的估价依据，不对乙方行使质权构成任何限制。

第五条　质物的移交

1. 本合同项下的质物应于____年____月____日前交付乙方，并按每（天、月或年）________元标准________（一次/分次）向乙方缴纳保管费。乙方依本合同5.1条进行验收，并向甲方出具收押凭据。

2. 本合同项下质物的权属证书、发票和其他相关资料经甲、乙双方共同确认封存后交由乙方保管。

3. 债务履行期届满主合同债务人履行债务，或甲方提前清偿所担保债权的，乙方应及时将质物返还甲方。

第六条　质权的实现

1. 主债务履行期届满或乙方提前收回贷款时未受清偿的，乙方有权与甲方协商，将质物折价以抵偿主合同借款人所欠债务，或将质物拍卖、变卖后以所得价款优先受偿。

2. 乙方依本合同处分质物时，甲方应予配合，不得设置任何障碍。

第七条　保管和提存

1. 如乙方不能妥善保管质物可能使质物灭失、毁损的，甲方可要求乙方将质物提存，费用由甲方承担。

2. 如甲方所提供质物有损坏或价值明显减少的可能，足以危害乙方权利，且甲方拒绝提供相应担保的，乙方可拍卖或变卖质物，并将拍卖或变卖所得提前实现所担保的主合同项下全部债权或向双方约定的第三方提存，提存费用由甲方承担。

第八条　保险

1. 本合同签订后15日内，甲方应到有关保险机构办理质物的财产保险基本险及附加险手续；保险期限应不短于主债务到期日；保险金额不低于主合同贷款本息。

2. 甲方应在保险单中注明，出险时乙方为第一受益人。保险单中不应有任何限制乙方权益的条款。

3. 在本合同有效期内，甲方不得以任何理由中断或撤销保险。如保险中断，乙方有权代为办理保险手续，一切费用由甲方承担。

4. 在本合同有效期内，质物如发生保险事故，保险赔偿金应当存入乙方指定的账户，以担保主债权的履行。

第九条　合同的生效、变更、解除和终止

1. 本合同经甲、乙双方签字并盖章后成立，自质物移交乙方占有之日起生效。

2. 本合同有效期为：自本合同生效之日起，至主合同项下的借款本金、利息、罚息、复利、违约金、赔偿金、实现债权的费用和所有其他应付费用全部清偿之日止。

3. 本合同独立于主合同，不因主合同的无效而无效。如主合同无效，甲方仍应承担本合同项下的质押担保责任。

4. 本合同生效后，任何一方不得擅自变更或解除。如本合同需要变更或解除时，应经甲、乙双方协商一致，并达成书面协议。书面协议达成之前，本合同仍然有效。

第十条　争议的解决

1. 甲、乙双方在履行本合同过程中发生的争议，应首先通过协商解决。协商不成的，则按第____方式解决。

2. 由____进行仲裁。

3. 在乙方所在地法院通过诉讼方式解决。

第十一条　附则

本合同正本一式____份，甲方、乙方、____各执一份，具有相同法律效力。

甲方（公章）：
法定代表人：
（或委托代理人）
____年____月____日

乙方（公章）：
法定代表人：
（或委托代理人）
____年____月____日

客户经理要尽可能地抓住主要问题，借款人的借款用途、还款来源及担保措施是最重要的三个方面。

借款人借这笔钱准备干什么？借款人准备用什么偿还这笔贷款？当用于这笔款的还款来源无效时，借款人拿什么来还？

十六、文化创意产业贷款

【产品定义】

文化创意产业贷款是指金融机构结合股权质押或著作权质押的担保方式，对符合条件的文化类小微企业发放的一种贷款。

【适用客户】

文化创意产业贷款是为支持文化创意企业及文化创意聚集区建设而量身定制的信贷产品，适用于符合文化创意产业贷款贴息管理办法中规定的所属文化创意产业企业。

在很多经济发达城市，如北京、上海、广州、苏州等地，政府大力扶持文化类企业，往往出台很多优惠政策，对文化类企业的贷款进行贴息等，鼓励金融机构支持文化企业。

【风险控制】

1. 必须获得市文化管理机构的推荐文件，而且最好获得本市的贴息承诺等文件，可以有效进行风险缓释。

2. 必须落实好文化类企业的现金流。

3. 适度质押文化企业股东持有的股权，控制借款人违约风险。

【案例】

宁波××文具有限公司案例

1. 客户基本概况

（1）基本介绍。

宁波××文具有限公司是一家专业生产文化类产品的有限责任公司，该公司创建于1993年，具有先进的设备与雄厚的技术力量。公司产品的创新、开发、生产、质检和服务都有严密、完整的管理运行机制。经过多年的不断开拓创新，现已成为极具规模的办公用品生产企业。

（2）上下游主要客户结算方式。

供应渠道分析			
序号	前三名供应商（按金额大小排名）	金额（万元）	占全部采购比率（%）
1	宁波海运××工业有限公司	406	10
2	宁波市鄞州××钢丝制造有限公司	362	9
3	无锡市××特种钢带有限公司	284	7
销售渠道分析			
序号	前三名销售商（按金额大小排名）	金额（万元）	占全部销售比率（%）
1	宁波××文化有限公司	406	10
2	宁波市××伟业有限公司	362	9
3	宁波市××商贸有限公司	284	7
与主要供应商关系稳定，一般为预付定金，货到结清余款			

（3）行业分析。

①明确该客户主营业务所对应的银行信贷投向政策指引中的行业。

客户主要生产长尾夹、文件夹及订书机等文化用品，行业上属文化教育行业。

②宁波作为“中国文化之都”，有文化制造企业864家，完成工业总产值285亿元，完成出口25.9亿元，是我国最重要的文化生产加工和出口基地，拥有贝发、得力、广博等国家知名企业，产品品种门类齐全，涵盖了书写工具、纸品本册、五金桌面文化等11大类。

③除纸品业，其他由于进入门槛较低，竞争较为激烈，普通文化用品附加值不高，生产属于劳动密集型。

④行业内企业规模普遍较小，与上下游企业议价能力不强，基本上是靠生产量保证企业正常生产经营，大部分产品的品牌知名度较差，有些企业是为国外贴牌生产，赚取很少的加工费。

2. 银行授信方案

贷款用途：设备通项下办理按揭业务174万元，由经销商宁波××机电物资有限公司提供连带责任保证，交存10%保证金。

具体用用途如下：该公司向宁波××机电物资有限公司购买“东和”牌设备一批，共41台，合计348万元。

授信方案						
额度类型	内部授信额度		授信方式	单笔单批额度		
授信额度（万元）	174		授信期限（月）	24		
授信品种	币种	金额（万元）	保证金比例	期限（月）	用途	收益
法人客户其他按揭贷款	人民币	174	10	24		
授信性质	新增	本次授信敞口（万元）		174		
担保方式及内容	保证人：宁波××机电物资有限公司					

贸易融资业务方案：

设备按揭业务，按月等本金还款，期限为两年，总体效益情况良好，风险可控。

【点评】

1. 优势。文化行业在宁波已经形成规模，具有一定的区域优势。公司主业突出，盈利能力较强，现金流稳定，财务结构较为理想，目前处于发展阶段。

2. 劣势。公司销售有近 50% 的业务出口，基于全球经济尚未完全恢复，有一定的风险。但是全球经济正在复苏中，有所好转。

此次授信为设备通项目业务，风险相对较小，授信后，银行可以在一定机会下扩大与公司的合作，授信效益可以确保。授信后关注企业的经营状况，落实授信后的相关手续及与企业的后续跟进合作。

十七、高管个人信用贷款

【产品定义】

高管个人信用贷款是指金融机构向优质企业的高管人员提供的一种用于个人消费用途的信用贷款。

【适用客户】

1. 优质上市公司等优质企业的高管人员。

2. 优质大型民营企业的高管等客户。

3. 央企、政府高级职员。

4. 大型医院、学校高级教师（公立学校、医院高管）。

一些大型优质公司的高管，收入非常高，而且投资的机会极多。这类高端客户本身重视自身信誉，一般违约概率极低，而且风险意识较强，有着较好的投资能力。金融机构可以将这些高端零售客户作为自己的目标客户群体。

【贷款利率】

根据借款人的信誉资质，为借款人资金周转和生活消费定制的信贷产品，贷款最高额度不超过50万元。贷款利率为金融机构同期基准贷款利率的0.9~4倍，期限在1年以内。

【借款人条件】

1. 具有居民身份证、户口簿。借款人年龄在18周岁至60周岁，具有完全民事行为能力、信用良好的个人均可申请。

2. 公司成立一年以上，资产负债率低于50%以下，净资产在300万元以上，年净利润在100万元以上的企业董事长、总经理、副总经理、财务总监、技术总监、生产总监、营销总监等高级管理人员，具有合法、稳定的经济收入。

【风险控制】

1. 优质公司的高管人员收入稳定，而且这类客户非常重视自身形象和信誉的特点，这是风险控制的抓手。

2. 要注意回避成天搞资本运作，大量并购投机上市公司的高管，这类伪高管风险巨大。

【案例】

上海××扑克股份有限公司案例

1. 客户基本概况

上海××扑克股份有限公司为民营企业，经过历次股权转换及增资，最新注册资本为700万元。

该公司是中国主要的扑克牌生产销售企业之一，该品牌已获得市场充分认可，具有较高的市场地位和知名度。公司主要采用传统的经销商分销模式，通过各级经销商实现产品的快速销售，目前销售网络已覆盖黑龙江、辽宁、吉林、四川、重庆和江苏等20多个省市。

2. 银行授信方案

该企业首次申请授信时，评审主要从以下几个方面进行考虑分析：

(1) 该企业整体规模不大，总资产约为4亿元，资产负债率为60%，财务指标显示该企业是一家典型的小微企业。

(2) 我国是世界上最大的扑克牌生产和消费国，该品牌经过多年培育已位列该类产品前六强，市场占有率、出口创汇额、产品特色、知名度均领先于同行业竞争对手。

（3）该企业多年来专注于主业发展，产销量一直稳定增长，已股改结束，管理层存在较强烈的上市愿望，是值得培育的拟上市企业客户，最终设计了以设备抵押为担保措施的授信方案。

（4）授信审批后，华东授信评审中心提示分行密切关注企业经营变化和上市进度，建议根据该企业上市进程调整合作方案，争取成为募集资金监管行，为分行后续业务的开展提供了思路。

评审分析，该客户财务管理规范，是该行业首家拟上市公司，具有较大的过会可能性。分行展开主动营销，在综合考虑其子公司资金需求的基础上，将该企业授信额度提至500万元，以“设备抵押＋房产抵押”为担保措施，为其解决了上市前机动资金需求，获得了企业决策层高度认可。

客户经理一定要牢牢记住：抵押与担保控制不了风险，企业经营现金流偿还贷款。首先，我们应重点关注借款人的第一还款来源和经营现金流，无论是大型企业，还是小微企业；其次，我们应关注企业提供的抵押与担保，否则，就是舍本逐末。

十八、个人房产抵押贷款

【产品定义】

个人房产抵押贷款是指金融机构向个人客户提供的以房产为抵押的资金周转和消费信贷产品。

【额度和利率】

贷款最高额度为房产抵押价值的70%左右，但最高不超300万元。贷款利率为同期基准贷款利率的0.9～4倍，期限在1年以内。

【借款人条件】

1. 具有居民身份证、户口簿。借款人年龄在18周岁至65周岁，具有完全民事行为能力、信用良好的个人均可申请。

2. 有稳定的经济收入，具备偿还贷款本息的意愿和能力。

3. 所抵押房产产权明晰，能够办理抵押登记。

【办理个人贷款流程】

1. 提出借款申请。借款人写出书面借款申请，包括拟用款金额、期限、用途、担保方式等。

2. 提交申请资料。借款人提供以下资料：

①借款人及其配偶有效身份证件、户籍证明（户口簿）、婚姻状况证明原件及复印件。

②个人收入证明。

③抵押资产权属证明原件及复印件。

④资产所有人（包括共有人）同意抵押的证明文件。

3. 贷款调查。金融机构对贷款的相关情况进行调查核实。

4. 贷款批复时间。经调查符合贷款条件，借款人资料齐全，一天内完成。

5. 与借款人签订借款合同，办理抵押登记手续，经审核无误后，办理贷款发放手续。

【案例】

宁波××燃料有限公司（实际控制人房产抵押）案例

1. 客户基本概况

宁波××燃料有限公司（以下简称宁波××公司）总资产为1752万元，主营业务收入达1.3亿元，该企业属于特定小微企业；注册资本为500万元，公司主要从事燃料油贸易。

供应渠道分析			
序号	前三名供应商（按金额大小排名）	金额（万元）	占全部采购比率（%）
1	山东××石化有限公司	8000	34.8
2	杭州××石化有限公司	7030	30.6
3	南京××贸易有限公司	6000	26.1
上述供应商为目前沿海地区主要的燃料油供应企业，质量稳定、供货量足，对于下游采购需要预付款，由供应商在一个月内安排供货。货款可接受银行承兑汇票与国内信用证。主要向以上3家公司采购，付款方式以现款为主，一般从付款到货物运到需求单位为30天左右。主要问题在于：借款人处于二级批发商，在与上下游谈判地位不高，对油价波动引起的价格风险，企业转嫁能力不强，也没有很好的规避手段			

续表

销售渠道分析			
序号	前三名销售商（按金额大小排名）	金额（万元）	占全部销售比率（%）
1	安徽××玻璃有限公司	8800	35.2
2	舟山××贸易发展有限公司	7540	30.2
3	浙江××玻璃股份有限公司	1330	5.8
上述货物或直接发到该公司的下家，主要为安徽××玻璃有限公司、舟山××贸易发展有限公司等，或者暂时先发至公司设在杭州的油库，货款回笼平均为30天；销售商与公司都有3~5年的合作时间，付款方式为货到付款30%，余款45天内结清，以电汇或银行承兑汇票付款			

2. 银行授信方案

授信方案						
额度类型	公开授信额度		授信方式	综合授信额度		
授信额度（万元）	580		授信期限（月）	12		
授信品种	币种	金额（万元）	保证金比例	期限（月）	用途	收益
流动资金贷款	人民币	580	0	12	用于企业的一般性周转	银行可以获得可观的利息收入
授信性质	新增	本次授信敞口（万元）		580		
担保方式及内容	抵押物名称：姚××个人住房；抵押物名称：姚××个人房产；抵押物名称：张××个人住宅；抵押物名称：姚××个人住房；抵押物名称：刘××个人住房					
追加法人代表个人连带责任保证						

（1）授信申请人基本情况。宁波××公司为专业的燃料油经销企业，目前总资产达2000余万元，净资产达1000余万元。

（2）公司的主要业务流程。宁波××公司向山东××石化有限公司（上市公司××公司的子公司）、南京××贸易有限公司（××石化的三产公司）和杭州××石化有限公司等采购预订燃料油，付款后由供应商根据合同约定的品质安排供货，一般从付款到货物运到需求单位为30天左右。

上述货物直接发到宁波××公司的下家，主要为安徽××玻璃有限公司、舟山××贸易发展有限公司等需求商处，需求商按合同约定收货后，在7~45天付清货款。

(3) 银行授信方案。根据宁波××公司的申请，申请流动资金贷款，按规则串用，可串用为银行承兑汇票和国内信用证。此次授信给予公司580万元授信额度，敞口为580万元。

(4) 效益。串用为银行承兑汇票或者国内信用证，保证金比例不少于50%，同时可收取相关中间业务收入。

(5) 担保条件。位于杭州的5套个人住房，预评估价值为831.2万元。

如何评估借款人的人品：信贷人员可以从申请人的表情、眼神、言谈举止；对待家人、员工、业务伙伴的态度；提供资料和数据是否弄虚作假；过往信用记录；外部评价等方面评估借款人的人品，一个企业的“人品”约等于企业主要领导人的人品。

十九、商户资金周转贷款

【产品定义】

商户资金周转贷款是指金融机构为大型经营市场内的商户提供的流动资金贷款。

【适用客户】

1. 具有居民身份证、户口簿，或在当地居住满1年，正常经营3个月以上，年龄在18~65周岁，身体健康，具有完全民事行为能力，资信良好的商户及个体工商户。

2. 有工商行政管理部门核准并年检的营业执照。

3. 在大型市场内进行经营的商户，如服装商户、粮油商户、茶叶商户。

金融机构将大型商场等作为渠道类客户，可以通过这些大型商场的招商部门协助推荐商户，实现对商户的批量开发。

【额度和利率】

商易贷是以商户的信誉度为依据，运用多种组合担保方式，向商户发放的额度在300万元以内贷款。贷款利率为金融机构同期基准贷款利率的0.9~4倍，期限在1年以内，用于商户短期资金周转的贷款。

【个体工商户贷款办理流程】

1. 填写借款申请书。

2. 提交申请资料：

（1）营业执照。

（2）税务登记证。

（3）夫妻双方身份证、户口簿、结婚证。

（4）经营场地租赁合同。

3. 贷款担保方式：

（1）实物的抵质押，如房产、车辆、债券等。

（2）第三方连带保证。

（3）权利的抵（质）押，如应收账款质押、股权、经营权、知识产权、仓单、车辆合格证等。

4. 贷款调查。金融机构对贷款的相关情况进行调查核实。

5. 贷款批复时间。经调查符合贷款条件，借款人资料齐全，一天内完成。

6. 与借款人签订借款合同，办理抵押登记手续，经审核无误后，办理贷款发放手续。

【案例】

重庆××环球家居生活广场有限责任公司担保额度案例

1. 客户基本概况

重庆××环球家居生活广场有限责任公司（以下简称重庆××公司）是星××家居集团股份有限公司的全资子公司，注册资金1000万元，唯一股东为星××家居集团股份有限公司。

2. 银行授信方案

本次重庆××公司向银行申请担保额度3000万元，用于支持市场内的商户缴纳租金、支付广告营销费、支付商场水电费以及部分装修维护费。

授信方案						
额度类型	公开授信额度		授信方式	综合授信额度		
授信额度（万元）	3000		授信期限（月）	12		
授信品种	币种	金额（万元）	保证金比例	期限（月）	用途	收益
担保额度	人民币	3000		12	用于企业的一般性周转	银行可以获得可观的利息收入
授信性质	新增	本次授信敞口（万元）		3000		
担保方式及内容	保证人：星××家居集团股份有限公司					
由重庆××公司推荐商户，并有其对商户提供担保，银行对商户发放贷款，贷款用于商户的采购用途，由于重庆××公司控制着商户的结算流水，可以有效锁定风险；考虑到重庆××公司自身实力偏弱，可以引入星××家居集团股份有限公司提供担保；商户普遍经营建材和装饰用品等，上游接受银行承兑汇票，可以对商户提供银行承兑汇票用信						

【点评】

星××家居集团股份有限公司（以下简称星××）属于知名的家居连锁集团，在各地设立了较多的连锁超市集团，家居市场内有大量的商户资源，这些商户普遍资金流量较大，非常适合银行营销。银行应当立足于要求星××给银行介绍商户资源，银行对商户进行批量开发。

优势：

1. 本笔贷款期限短，仅为1年，应对企业经营变动风险较小。

2. 借款人未来1年可预见营业收入几乎锁定。

（1）企业本年度租赁协议已经签订，各商户也已缴纳驻场保证金。

(2) 星××实行商场统一收银，再按月进行收银款的返还。如果有商户不能按时缴纳租金，星××方面根据合同约定可以直接在收银款中扣除租金。

(3) 平均每个商户已投入装修费用30万~50万元，违约成本高，违约概率小。

3. 南坪二店具有区域性优势，自开业以来，经营情况较好，达到预期。

4. 本笔贷款还款资金监管有力。星××主结算账户在银行开立，银行可以随时了解经营情况，以便及时作出应急处理。

劣势：

1. 星××近年扩张过快，对此银行应随时关注企业发展，一旦发觉企业出现经营风险立即收回贷款。

2. 缺乏实物抵押担保，但担保方星××实力雄厚，信誉好，具备担保能力。

【文本】

三方合作协议书

（　　）字第　　号

甲方：（买方________核心企业）

乙方：（卖方________供应商或商户）

丙方：（银行方）

为加强甲、乙、丙三方之间互利合作关系，经三方当事人自愿平等协商，达成如下协议，协议各方恪守履行。

协议条款如下：

第一条　信用额度及结算方式

丙方为乙方提供银行授信敞口额度不超过人民币________亿元整，用于乙方的采购结算。

第二条　业务流程及银行融资

1. 根据甲乙双方签订的购销合同的相关约定，乙方将针对甲方的应收账款转让给丙方，甲方确认以书面“应付账款确认书”书面确定每批次应付账款。

2. 乙方将每批货物送递甲方指定地点之日（节假日相应顺延），甲方向乙方开具“货数量、基准价及货值总额确认书”（以下简称确认书）。

3. 丙方将向乙方开具银行承兑汇票，银行承兑汇票保证金比例原则上不低于________；银行承兑汇票敞口部分以应收账款作为风险控制，应收账款到期日应当早于银行承兑汇票10天。

4. 乙方在办理银行承兑汇票前，应当向丙方提交甲方开具的增值税专用发票复印件。

5. 甲方在应付账款到期日，将应付账款直接划付至乙方在丙方开立的监管账户，监管账户户名：____________账号：____________用于补足乙方在丙方开出的银行承兑汇票敞口。

第三条　融资安排费及定价

1. 甲方负责向丙方的融资联络及定价咨询，并协助提供应付账款的确认，丙方承诺提供银行的保证金比例不高于________%。

2. 乙方将向甲方支付融资安排费，融资安排费为丙方提供银行承兑汇票敞口金额的________%；乙方授权丙方从自己在丙方的账户中自动扣划给甲方。

第四条　声明和保证

三方在此声明保证如下：

1. 三方均为依法成立并合法存在的企业法人或金融机构，有权以自己名义、权利和权限从事本协议项下的经营活动，并以自身名义签署和履行本协议。签署本协议所需的有关文件和手续已充分齐备并合法有效。

2. 签署本合同是各方自愿的，是自身的意思的真实表示。

3. 各方届时将按照诚实信用的原则充分地履行本协议，并在履行本协议时给予他方必要的协助和配合。

第五条　违约责任

本协定生效后，任何一方违反本协议的任何约定义务给守约方造成损失，还应赔偿守约方的损失，损失包括但不限于本金、利息、罚息、因追索或索赔产生的全部费用及可以预见的可得利益损失。

第六条　协议的解释和争议

凡因履行本协议所发生的或与本协议有关的一切争议、纠纷，双方可协商解决。协商不成的，任何一方可以依法向乙方所在地的人民法院提起诉讼。

第七条　合同生效

本协议于三方有权人签字、加盖公章之日起开始生效。

本协议一式三份，每方各执一份，每份均具有同等法律效力。

甲方：

法定代表人或代理人：　　　　　　　　日期：____年____月____日

地址：

电话：

乙方：

法定代表人或代理人：　　　　　　　　日期：____年____月____日

地址：

电话：

丙方：

法定代表人或代理人：　　　　　　　　日期：____年____月____日

地址：

电话：

扣划款项授权书

________________银行：

我公司授权________________银行，在我公司的账户中扣划________万元的资金，用于支付_____________公司融资安排费，在____________银行完成向我公司办理三方协议（编号：________________）项下的银行承兑汇票后，扣划即可。

印鉴：

公章：

金融从业人员要认真了解客户，了解客户的需求；要彻底搞清楚客户需要什么产品，根据客户的需要，能够为客户设计个性化的金融服务方案。就只会简单申报一笔贷款、一笔银行票据的客户经理，对于客户而言，价值很低。

二十、高端社区业主贷款

【产品定义】

高端社区业主贷款是指金融机构向持有高端房产的业主提供的一种临时消费用途的贷款。

【适用客户】

适用客户为持有房产的业主，要求业主名下的房产贷款已经全部归还完毕，或者是已经归还超过六成贷款。

一些高端楼盘的业主本身就是金融机构的优质目标客户群体，可以通过和物业公司合作的方式，拿到这些优质客户的名单，或者由物业协助办理一些商业活动，对这些客户进行批量开发，这个广阔的市场属于“社区金融”类业务。

【基本规定】

表 2－2　高端社区业主贷款基本规定

文件类别/产品	业主贷款——薪金	业主贷款——企业
身份证明文件	有效的中华人民共和国居民身份证	有效的中华人民共和国居民身份证
工作证明文件	有效的劳动（聘用）合同 有效的工作证明 工作证/工牌	营业执照（个体工商需要提供工商登记信息查询表） 税务登记证 组织机构代码 开户许可证 相关行业经营许可证 近期产品代购代销合同（协议） 经营场所租赁合同 交租凭证
收入证明文件	近 6 个月小额贷款公司代发工资存折或账单 有效收入证明＋近 6 个月标准小额贷款公司流水	近 1 年往来记录的对公账户 近 6 个月往来记录的个人流水
住址证明文件	有效的房屋租赁合同、近两个月的交租凭证 近两个月的信用卡、小额贷款公司贷款对账单或水电收据或电话、宽带账单	有效的房屋租赁合同、近两个月的交租凭证 近两个月的信用卡、小额贷款公司贷款对账单或水电、收据或电话、宽带账单
房产证明文件	房产证或房屋所有权证；或房屋共有权证；房屋买卖合同；按揭合同；近 6 期按揭还款记录	

续表

文件类别/产品	业主贷款——薪金	业主贷款——企业
补充文件	学历证明 从业资格证 其他金融机构的贷款相关文件 拥有的其他高价值固定资产的证明文件	公司近 6 个月缴税凭证 资产损益表 场地近 3 个月的水电发票 股权证明文件 学历证明 从业资格证 其他金融机构的贷款相关文件 拥有的其他高价值固定资产的证明文件

【风险控制】

1. 由于业主持有房产，在一些经济发达城市，房产价值极高，这些业主属于优质的借款客户群体。从客户筛选上，本身就选择了优质客户群体，屏蔽了信贷风险。

2. 一些有着极好教育配套的小区，这类房产投资客户重视教育，有着良好的诚信，属于小微信贷的极佳客户群体。

【点评】

优质小区的外部配套也更为齐全，主要表现如下：

第一类，交通类。小区外道路平整、宽阔，距离主干线的距离适中，附近有多个公交站点及轨道交通。

第二类，生活服务类。周边的商场、超市、菜市场齐全，购物方便；洗衣店、宠物店、美容（美发）店、房产中介店等配置齐全；距离饭馆、特色餐厅等交通便利。

第三类，医疗类。附近配备有 1～2 所大型医院，小区周边有社区医院、24 小时药店等。

第四类，教育类。周边有幼儿园（注意考察公立或私立收费标准等问题）、小学、中学等教育设施，且为优质学校划片区域。

【案例】

高端社区业主贷款案例

陈××属于北京××天地的业主，××天地为高档社区。陈××已经将所有贷款全部归还完毕，目前房产估值在500万元。陈××准备购买奥迪汽车，希望贷款20万元，自有股票市值高达200万元，但是房产和股票他均不愿意质押。金融机构考虑陈××收入极为稳定，资产实力极为雄厚，愿意给他提供信用贷款20万元，专项用于购置汽车。

【点评】

高端社区的业主属于非常优质的资源，可以借助社区开发这些客户，交叉销售银行的消费贷款、信用卡、理财等产品，会给银行带来非常可观的回报。

二十一、农民宅基地、自建房出租贷款

【产品定义】

农民宅基地、自建房出租贷款是指在城乡接合部的乡村、集镇，凡拥有宅基地、自建房、出租收入、分红收入或者其他生意收入的农户，金融机构通过签订宅基地及自建房抵押合同并质押相关证件从而发放的贷款。

【适用客户】

中国进行大规模的城镇化建设，很多近郊成为商业地产开发的对象，很多地理位置优越的农村宅基地、集体用地被用作商业开发，建设了大量的商业用房。例如，很多村委会和开发商合作，建设了大量的商业商场项目、4S店等，有着非常稳定的租金收入。公司可以将这类客户作为重点合作目标群体。

【业务流程】

1. 借款人提交贷款申请。
2. 金融机构进行调查。
3. 金融机构对借款人审核通过。
4. 金融机构与借款人签订贷款合同。
5. 借款人获得贷款。

【产品特点】

1. 同村 3 ~5 户农户组成联保小组，无须办理抵押登记手续。
2. 服务快捷，符合条件的申请者在调查之后的 3 个工作日即可获得贷款。
3. 采用灵活的还款方式，为贷款者减轻还款压力。
4. 人性化的申请流程，手续简便、快捷。
5. 利息之外，不收取其他的任何手续费用。

【案例】

苏州市××现代农业发展有限公司案例

1. 客户基本概况

苏州市××现代农业发展有限公司（以下简称××现代农业）主要将集约化经营、规模经营和现代农业科技应用于苏州市相城区阳澄湖镇的传统渔业养殖业。

2. 银行授信方案

（1）授信优势。

①项目为现代农业的高效特种渔业养殖项目，其主要产品阳澄湖大闸蟹是项目实施地的著名原产地产品，在全国有独一无二的著名口碑和声誉，市场范围已经涵盖东北、西南、华南、华北和西北等地区的 97 个大中城市，其中上海、杭州、宁波等为重点销售城市，并在西安、北京、广州、深圳等地开设了直销中心，还同时出口至日本、新加坡乃至欧美等国家。其余产品阳澄湖清水虾、白鱼、鳜鱼在江浙沪地区市场也有稳定的市场需求。因此，该项目的产品生产、销售稳定，现金回笼稳定。

②现代高效农业的产业升级得到了各级地方政府的政策支持和财政支持，本项目不仅在启动资金上得到苏州市和相城区二级政府财政的扶持资

金，还有区级财政的全额贷款贴息，更享受每年苏州市级财政200万~400万元的以奖代拨的资金支持。

③本项目的顺利实施，打破了原有的农民个体承包单体经营的旧格局，提高了当地农业（渔业）抗风险的能力，使公司和当地农民有稳定、持续的收入，项目贷款也有稳定的还款来源。

④项目贷款的分期还款，逐步降低了授信的整体风险，并且利息的计算全部按5年以上的长期贷款利息计算，银行收益较高。

（2）授信劣势。

农业项目的收入不像工业科技项目，收入增长较快，因此授信项目还款期限较长。

（3）借款人基本账户开设于银行，今后的全部结算将在银行进行，借款担保人经营情况良好、有一定的实力，风险基本可控，风险与效益基本平衡。

3. 银行授信方案

授信方案						
额度类型	公开授信额度		授信方式	综合授信额度		
授信额度（万元）	800		授信期限（月）	12		
授信品种	币种	金额（万元）	保证金比例	期限（月）	利/费率	是否循环
其他回购担保	人民币	800		12	按规定	是
授信性质	新增	本次授信敞口（万元）		800	授信总敞口（万元）	8000
担保方式及内容	信用					

针对××现代农业主要销售产品阳澄湖大闸蟹，该公司出于提高经销商素质、扩大公司销售规模及加强与经销商紧密度等方面考虑，向银行提出了以经销商为借款主体，××现代农业作为授信担保人的小微企业链式融资模式化方案。

该方案具体如下：

授信总额度为800万元，其中苏州地区为300万元，苏州以外地区为500万元。经销商需要与××现代农业签订购货合同，并有相关行业从业经验。经销商单笔授信金额不超过50万元，且不超过购销合同总价的80%，具体金额由××现代农业出具书面推荐函核定。

业务流程：项目下授信发放通过受托支付方式以预付款形式付至苏州市××现代农业发展有限公司在银行的结算户。在销售期，银行与××现代农业协作控制每次发货数量，根据贷款规模分批次发货，一般分为十个批次，下次发货时商户将订单传真至银行，由银行确认上一批货款回笼70%后，通知苏州市××现代农业发展有限公司发出下批次货物。

【点评】

申请人是比较好的渠道类客户，下游客户众多，借助回购担保，银行可以直接给下游客户提供融资，银行可以通过申请人关联营销其众多的下游客户。借助下游经销商，客户可以实现表外融资；同时，由于有经销商交存较高比例的保证金，客户可以获得较高的杠杆融资。

申请人是比较好的渠道类客户，销售的产品属于紧俏物资，市场需求量极大，下游经销商众多，可以要求申请人给银行介绍下游经销商，采取三方协议方式，银行给下游经销商提供未来货权质押融资，可以给银行贡献较多的下游客户（如经销商或终端用户）。

一片丹心、一腔热血、一身正气。每个银行客户经理要有筋骨、有道德、有温度。做信贷要有自己的行为底限，有道德；对客户要真心关怀，有温度。

二十二、经营性物业抵押贷款

【产品定义】

经营性物业抵押贷款是指金融机构针对持有物业资产的客户，以经营性物业的租金收入作为主要还款来源，提供的不超过物业资产净值的一种贷款。

【适用客户】

适用客户为持有写字楼、商品房、临街商铺的自然人（通常都是投资客，有着稳定的工作）。

【产品特点】

产品特点是手续简便、快捷，将客户远期未来几年才能收到的租金现金流即期盘活，便利企业投资运作。贷款金额不超过经营性物业在融资期间产生的现金流之和的一定比例。

（1）以经营性物业为抵押，以租金收入作为主要还款来源，贷款期限长，分期还款，可以缓解客户一次性还款压力。

（2）对借款人的财务状况和经营性现金流的要求较低，只要企业有稳定的租金收入来源即可。

（3）资金使用范围较广，可用于装修改造、支付工程尾款、归还其他贷款或者购买新的物业资产。

【准入条件】

1. 物业资产须为写字楼、商品房、临街商铺或厂房，且使用年限未到期或不属于拆迁范围内的房产。

2. 物业产权状况须产权清晰，无权属纠纷，且能在本市国土局办理抵押登记的房产。

【经营性物业准入要求】

1. 抵押物位于经济较发达的城市区域，产权清晰，能设定抵押，能单独处置。

2. 抵押物的楼龄不超过15年（核心商业区除外），且地理位置佳，具备良好的变现能力。

3. 抵押物为工业厂房的应位于成熟的工业区内，配套条件好，以规划的重点工业区为主。

4. 位于各分中心所在城市行政区域管辖范围内。

5. 经营性物业需要正式投入商业运作，出租率不低于60%。

【业务流程】

1. 按照房产抵押类业务进行操作，核定授信额度和授信期限。

2. 借款企业开立租金收入专户，并签订相应的最高额质押合同和应收账款质押登记协议。

3. 在人民银行应收账款质押登记系统中进行登记公示，明确企业将该物业未来产生的租金收入质押给金融机构。

4. 借款企业告知所有物业承租人，已将该物业设立抵押，并出具相应的履行告知义务的承诺书。

5. 放款和贷后管理。

【贷款额度】

贷款额度为10万~500万元。

【贷款期限】

贷款期限为12~120个月。

【提交资料】

1. 贷款申请书。

2. 申请人有效证件（申请人个人身份证/企业营业执照、组织机构代码证、税务登记证、特许经营许可证、企业法人及其配偶有效身份证件）。

3. 物业资产的产权证原件、房产产权所有人及其配偶身份证。

4. 经营场所租赁合同。

5. 企业账户或个人账户近3个月流水清单。

6. 小额贷款公司要求的其他资料。

【风险控制】

要回避单纯的投资客，没有正规的职业，单纯依靠投资的物业产生的现金流来进行还款，这类投资客收入过于单一，风险巨大。

【案例】

××百汇城经营性物业抵押贷款营销案例

1. 客户基本概况

（1）基本介绍。

××百汇城是海口市最具经济活力及发展潜力的国贸商圈，项目总建筑面积达9.89万平方米，商业面积达8.88万平方米，拥有1.2万平方米的中心广场，有2个主入口广场、1条步行街、3座建筑物、750个停车位。其商业规划将现代建筑艺术与海南传统骑楼文化相融合，以悠闲的广场、婆娑的椰影、狭长的骑楼、多元业态构筑起一处海南绝无仅有的休闲购物场所。

（2）营销分析。

①认真学习、跟紧政策。经营性物业抵押贷款是近年银行力推的对公业务产品，银行明确提出该产品主要面对开发实力较强、招商及运作能力强的房地产开发商，支持商业位置良好、项目出租率高、经营性收入高的商场、写字楼、酒店等房地产开发项目。为此，××银行业务部门积极调研本地市场，重点考察了海口的商场物业及三亚的酒店行业，按照银行的政策指引最终选择了海口的××百汇城及三亚的凯宾酒店作为经营性物业抵押贷款的“试水”方案。

②抓准时机、多头营销。××百汇城项目自启动以来就一直受到本地多家银行的跟踪营销。××银行介入时，项目尚有A银行2000万元存单质押贷款，B银行也已在商场醒目位置布设了自助银行。××银行在得知以上信息后，由行长出面多次营销企业上层，客户经理跟进了解银行授信动态，并向企业提交了该银行更为优惠的贷款方案。此外，风险经理也多次与客户经理平行作业深入了解项目情况，推进了业务的进展。

③公私联动、提高效率。××百汇城作为海南目前最大型的纯商业项目，其需求不仅仅局限于项目贷款，企业的融资目的一是为了以未来现金流收益偿还股东先期投入及缓解项目刚开业带来的经营压力；二是为商场内众多商户提供更为便捷、安全的金融服务。××银行公司业务部以此为切入口，联合零售业务部门向××百汇城提供了一揽子金融服务方案，这也是××银行能力压其他银行最终取得该笔项目授信的重要原因。在银行贷款发放短短1个月内，零售部门已向××百汇城投放自助设备一台、代发工资150人、代理项目保险10万元。

2. 银行授信方案

银行批复了期限为8年、额度为1000万元的经营性物业抵押贷款额度，银行在办理部分房产抵押后，给予先期放款200万元。

通过此次经营性物业抵押贷款授信业务，银行获得了较高的综合收益。一是两家公司及商管公司将其所有账户移至银行营业部，这意味着××百汇城200多家承租户的日常结算收入均在银行办理，日均存贷款余额将稳定在5000万元以上；二是银行已在××百汇城布设自动取款机一台，夜间金库也即将进场，这对提升银行服务形象、加快业务发展起着重要作用；三是其他由贷款衍生的零售业务如代销保险、代发工资、信用卡发放、POS 机安装等业务正在洽谈之中，也将为银行带来较高的中间业务收入。

该笔经营性物业抵押贷款开拓了银行对公信贷产品的新方向，对银行资产、负债等业务的拉动作用明显。

【点评】

大型商场的底商商铺经营状况一般，而优质大型社区的底商由于贴近最优质的消费人群，价值非常高。

二十三、商户贷款

【产品定义】

商户贷款是指金融机构向在大型电商网络商场设立店铺经营的小微企业，为满足其扩大生产经营资金需要的一种贷款。

【适用客户】

以在大型电商网络商场里设立店铺经营的企业，特别是小微企业作为特定服务对象。

【准入条件】

1. 企业经营场所为大型电商建立店铺。

2. 企业实际控制人有着两套以上房产，具备一定积累。

3. 企业及其实际控制人无异常的信用记录和影响贷款安全的法律纠纷。

4. 企业必须有连续两年以上的连续经营记录，现金流水状况良好。

【基本规定】

贷款额度：10 万 ~ 500 万元

贷款期限：1 ~ 12 个月

【提交资料】

1. 借款人向金融机构提交贷款申请书。

2. 申请人有效证件（企业营业执照、特许经营许可证、企业法人及其配偶有效身份证件）。

3. 与大型电超签订的网络协议。

4. 企业账户或个人账户近半年各月流水清单。

5. 要求的其他资料。

【案例】

南宁××百货大厦股份有限公司供应商批量贷款案例

1. 客户基本概况

南宁××百货大厦股份有限公司是广西商业企业第一家上市公司，总股本达14467.2万元，以经营百货为主，零批并重，下辖15个商场，经营面积约为98000平方米，公司的经济效益连续多年位居全区同行业之首，是广西目前规模最大、实力最雄厚的现代化大型商业上市公司。

公司总资产达8.87亿元，营业收入达9.99亿元，较上年同期增长23.18%，净利润为1860万元，较上年同期增加134.26%。

供应渠道分析
该公司目前经营品种繁多，供货渠道多，且大部分为商品的总经销、总代理，质量可靠、供货稳定，进货环节简单，业务成本低。供货商大多采用“以销订货”，付款条件优惠，大大降低了经营风险；由于公司是以商业零售为主的企业，所以无法统计前三名供应商的供货数量
销售渠道分析
公司购物场所分为家电、日用百货、钟表首饰、五金交电、鞋帽、皮具、衣服、超市、特卖场、通信城等，品种近10万多种，买方主要是一般消费者，需求稳定，销售商品主要采用现金交易方式，仅限于一些有良好合作关系、信誉较好的客户采用赊销方式的大宗商品交易，且所占比例不大，而且付款在1个月内都能完成，商品销售货款回笼快；由于公司是以商业零售为主的企业，所以无法统计前三名销售商的销售收入

2. 银行授信方案

本次授信额度重启符合银行的规定。银行要求必须以申请人自有的南宁××百货大厦（北楼）第四层及其相对应的土地作为抵押担保。所以，此次授信用途合理、可行，授信风险可控。

授信方案						
额度类型	公开授信额度		授信方式	综合授信额度		
授信额度（万元）	300		授信期限（月）	12		
授信品种	币种	金额（万元）	保证金比例	期限（月）	用途	收益
商户贷款担保额度	人民币	300	0	12	用于给供应商办理融资	可以给银行贡献可观的供应商
授信性质	新增	本次授信敞口（万元）	300			
担保方式及内容	抵押担保：南宁××百货大厦（北楼）第四层及其相对应的土地					
由小额贷款金融机构对商户进行批量贷款，由南宁××百货大厦提供担保						

二十四、收益权质押贷款

【产品定义】

收益权质押贷款是指借款人以其所拥有的自有或长期租赁的土地上自建厂房或物业的经营权或租金收益权质押给金融机构，由金融机构提供的一种流动资金贷款。

【适用客户】

适用客户为持有优质物业的借款人及持有优质厂房资产的借款人。

【产品特点】

1. 固定资产变现金流——盘活企业固定资产，撬动企业现金流，减轻企业经营的现金压力。

2. 还本付息灵活——双方协商每月还本金额，减轻一次性还款压力。

3. 申请流程简易——手续简洁、审批快速、放贷及时。

4. 利息低于行业水平——降低企业的融资成本。

【风险控制】

1. 必须仔细评估固定资产出租经营能力、长期承租人的实力，确保租金现金流可以覆盖本息。

2. 开立唯一收取租金账户，牢牢控制住租金现金流。

【案例】

重庆××医药股份有限公司厂房租金收益权贷款案例

1. 客户基本概况

重庆××医药股份有限公司是国家经贸委和重庆市重点扶持的连锁企业，是国家食品药品监督管理局跨省连锁经营试点单位之一，和平药房连锁药房已超过2300家，信誉较佳。

重庆××有限公司每年从重庆××医药股份有限公司收到约2000万元租金。

2. 银行授信方案

授信方案						
额度类型	公开授信额度		授信方式	综合授信额度		
授信额度（万元）	1000		授信期限（月）	12		
授信品种	币种	金额（万元）	保证金比例	期限（月）	用途	收益
租金收益权质押贷款	人民币	1000	0	12		
授信性质	新增	本次授信敞口（万元）		1000		
担保方式及内容	重庆××医药股份有限公司支付的租金收益权质押					

做信贷项目，必须有家国情怀。做的信贷项目于国家有益，于苍生有益，我们就是为国为民；于自身有益，可以帮助我们完成业绩指标，能够谋生。

二十五、订单贷款

【产品定义】

订单贷款是指小微企业凭真实、合法的订单作为还款来源，由金融机构提供的解决履行订单需要的一种特定用途贷款。

小微企业收到货款后立即偿还金融机构贷款。

【业务流程图】

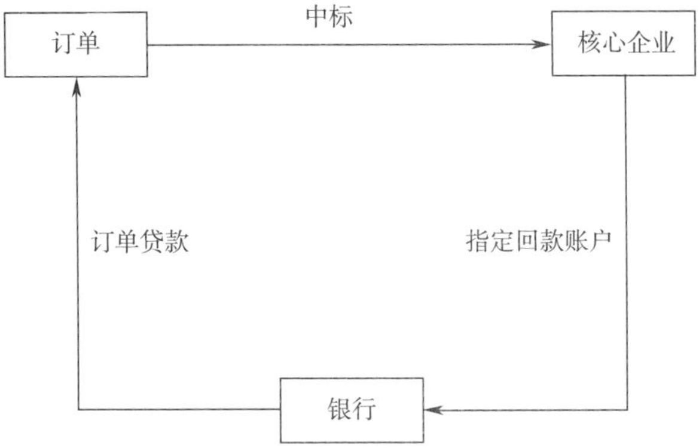

图 2－6　订单贷款业务流程

【适用客户】

1. 获得政府订单的小微企业。

2. 获得特大型企业订单的小微企业。

3. 获得事业单位优质订单的小微企业。

【产品特点】

1. 免抵押——凭有效、真实的合同和订单即可申请。

2. 减少自有资金占用——使用贷款进行订单项下原材料的采购和加工。

3. 提高接收订单的能力——提前得到资金，顺利完成订单合同。

4. 综合授信——一次审批，多次循环，使用灵活。

【风险控制】

1. 金融机构必须落实订单的真实性，并确认订单回款的来源锁定在金融机构指定账户。

2. 订单的付款买家必须是特大型机构，付款能力极强，商业信誉较高，且要控制这些订单的回款账户，必须为金融机构。

3. 信贷资金封闭使用，信贷资金必须封闭用于订单的履行，如用于订单项下货物的采购、配套支出等。银行应当根据订单的性质，判断信贷资金使用的采购等用途与订单的关联性。

【营销建议】

金融机构可以针对政府采购中心、大型中央企业集中采购平台、大型超市采购平台开展营销，由这些机构推广中标小微企业客户。

【案例】

宾川县××工贸有限责任公司订单融资案例

1. 客户基本概况

（1）基本介绍。

宾川县××工贸有限责任公司由云南××水泥建材集团有限公司出资1470万元和宾川县××建材有限公司出资1440万元，在宾川县工商局注册成立，公司注册资本为3000万元、实收资本为3000万元。经营范围为煤炭产品储运、销售。

（2）上下游主要客户及结算方式。

供应渠道分析			
序号	前三名供应商（按金额大小排名）	金额（万元）	占全部采购比率（%）
1	昆明市××科技开发有限公司	3000	29.12
2	丽江市永胜县××矿业有限责任公司	3000	29.12
3	华坪县龙辉坝乡××煤矿	2600	25.24
这些煤矿基本都生产优质的烟煤、无烟煤，煤炭的质量由买卖双方现场检查鉴定，合格后再办理货物交接手续，因为煤矿产品紧俏，一般都是公司先打预付款，价格在预付款时即已锁定，不会随市场变化而变动			
销售渠道分析			
序号	前三名销售商（按金额大小排名）	金额（万元）	占全部销售比率（%）
1	大理××三金建材有限公司	3000	29.12
2	云南易门××水泥有限责任公司	2500	24.27
3	康××水泥建材有限公司	2500	24.27
宾川县××工贸有限责任公司与大理××三金建材有限公司双方的合作关系稳定，原煤品质好、稳定性好、安全性比较高；宾川县××工贸有限责任公司一般在第一、第二个月供货给大理××三金建材有限公司，大理××三金建材有限公司在第三个月进行内部审批和结算，第四个月付款，总的付款期限一般在4个月；结算方式以电汇、银行承兑汇票方式支付			

2. 银行授信方案

（1）授信方案。

授信方案						
额度类型	公开授信额度		授信方式	综合授信额度		
授信额度（万元）	2000		授信期限（月）	12		
授信品种	币种	金额（万元）	保证金比例	期限（月）	用途	收益
流动资金贷款	人民币	2000		12	用于企业的一般性周转	银行可以获得可观的利息收入
授信性质	新增	本次授信敞口（万元）		2000		
担保方式及内容	锁定订单项下回款现金流					

业务类型：供应链卖方订单融资

批复到期日：卖方授信额度到期日

销售商品：烟煤

买　　方：大理××三金建材有限公司

融资品种：直接融资或银行承兑汇票

融资比例：若使用直接融资，则按单笔订单金额的70%发放融资；若使用银行承兑汇票，则按单笔订单金额的100%开票，同时要求企业缴纳30%保证金

融资期限：120天

融资手续费率：0.5%

买方付款方式：电汇至卖方在银行开立的监管账户、银行承兑汇票

（2）其他要求。

①银行订单融资款项，采用受托支付的方式，定向支付给上游，资金用途限定为采购原煤（烟煤），采购对象限定为昆明市××科技开发有限公司、丽江市永胜县××矿业有限责任公司、华坪县龙辉坝乡××煤矿。

②以签署银行格式的订单融资三方合作协议作为授信启用的前提条件。

③融资时，单笔订单融资金额计算公式为：融资金额＝结算数量×结算单价×70%，其中，结算数量以企业与下游签订的烟煤购销合同的烟煤

购销合同补充协议中确定的供煤数量为准；结算单价取融资前一日中华商务网同品质煤炭价格中烟煤价格或上游采购合同中约定每吨单价（不含运费）的孰低值放款。

④融资时，申请人需提交其与买方签订的烟煤购销合同及其烟煤购销合同补充协议原件，加盖“银行××银行已融资×××元”印章，并复印留底，同时需提供申请人与上游公司签订的采购合同。

⑤上游企业向申请人发货后10日内，申请人需向银行提交该笔融资款项下的增值税发票复印件。在未提交该单据之前，不得发放下一笔融资。

⑥由于买卖双方为关联企业，银行需密切关注买卖双方的采供进度是否符合双方供需要求，严格把控贸易背景的真实性，以防范关联交易对银行信贷资金造成风险。

⑦申请人向买方发货后，银行应督促申请人将买方出具的烟煤结算表于开立后5个工作日内提交银行，同时银行还应督促申请人于增值税发票开立后3个工作日内将发票正本提交银行，银行在正本发票上加盖“××银行已融资××元”印章，并复印留底。

⑧申请人提交发票后，银行须按照应收账款质押登记管理办法，登录人民银行应收账款质押登记系统，办理相应应收账款的质押登记。

⑨根据订单融资三方合作协议的要求，自该协议签订之日起，买方须将其与卖方签订的烟煤购销合同项下所有结算资金全部划入卖方在银行开立的监管账户，回款之后，应直接偿还银行融资。

⑩一旦出现卖方间接还款或买方不按照订单融资三方合作协议要求回款的情况，银行将立即暂停融资。

⑪在银行授信期间，银行应加强与企业及其买方的沟通，若出现供方不具备供货条件时需提前15天以书面形式通知需方及银行，同时银行将立即暂停融资。

⑫鉴于上游三家烟煤供货商均为小型煤矿或商贸企业，为防范供货风险，银行需密切关注其经营情况及供货能力，并在每次融资前向银行贸易金融部提交书面报告，确认上游企业具备足额供货能力并签字确认，以确保银行信贷资金的安全；若发现上游企业产生经营风险或供货出现问题，则须立即暂停融资。

⑬买方（大理××三金建材有限公司）属水泥行业企业。由于银行业受政策影响较大，为防范企业因生产经营受影响而产生不能及时付款的风险，银行应密切跟踪并关注水泥行业的政策走向，若买方企业出现关、停、并、转等负面情况，须立即暂停融资。

⑭由于煤炭行业价格波动较剧烈，为防范风险，银行需设立原煤（烟煤）价格走势盯市岗，并派专人负责盯市并建立台账，每月一次向银行贸易金融部提交书面风险报告并签字确认。在煤炭行业发生巨大波动的情况下，银行应及时了解公司货物和资金风险，若发现公司遭受重大损失或重大预警信号，须采取相应资产保全措施，如冻结卖方在银行的所有账户并要求提前还款，同时追加有效担保等，以达到控制风险的目的。

⑮若买方通过银行承兑汇票付款的，则要求买方将银行承兑汇票邮寄至银行由专人保管，银行承兑汇票到期日在融资到期日之前，银行可办理银票托收；银行承兑汇票到期日晚于融资到期日，则要求企业在银行直接办理银行承兑汇票贴现，贴现资金直接进入银行监管账户，偿还银行融资款项。

【点评】

订单融资的核心风险控制逻辑是信贷资金封闭用于订单的履行，同时，牢牢锁定核心企业支付回款账户，双向资金锁定。不要相信抵押担保，要相信控制资金流。

【文本】

________银行应收账款质押三方协议

甲方：（应收账款出质人）：________

法定代表人/负责人：________

乙方：（应收账款债务人）：________

法定代表人/负责人：________________

丙方：（应收账款质权人）××银行：________________

法定代表人/负责人：________________

甲方拟将对乙方的应收账款权益质押予丙方，作为丙方发放贷款的质押担保，为此，甲、乙、丙三方经平等充分协商达成如下一致协议，共同遵守：

一、乙方已知悉甲方将相关应收账款质押予丙方的事实，乙方对此无异议并将继续按照原已签订的关于应收账款的合同履行付款义务，甲、乙双方在此确认，上述应收账款的总金额为人民币：（小写）________万元，（大写）____________万元。

二、本三方协议签订后，乙方就应收账款支付的款项必须划入经甲方和丙方确认，并受丙方监管的如下账户中（或经丙方书面确认的其他账户）：

户　名：________________

账　号：________________

开户行：________________银行

该账户中资金用于提前偿还甲方在丙方处的借款，或用于质押担保甲方在丙方处的借款，在全部还清所欠丙方的贷款前，甲方使用该账户中的资金必须取得丙方的书面同意。

三、本三方协议签订后，甲方应即时将有关应收账款的合同原件、凭据等交付丙方保管，甲方就该应收账款办理转让、再次质押、减免债务人付款义务等可能影响丙方权益之事项的必须事先取得丙方的书面同意。

四、本三方协议自甲方全部偿还上述应收账款质押担保的贷款本息之日起自动失效。

五、其他约定事项：本三方协议签订后，甲方或乙方就上述质押予丙方的应收账款主张抵销、应收账款合同撤销或改变付款方式等危及丙方质押权的行为或意思表示的，须取得丙方之书面同意。

六、本协议所称应收账款是指权利人因提供一定的货物、服务或设施而获得的要求义务人付款的权利，包括现有的和未来的金钱债权及其产生的收益，但不包括因票据或其他有价证券而产生的付款请求权。

七、本协议一式三份，甲、乙、丙三方各执一份，自三方均签章且法定代表人/负责人签名之日起生效。

（以下为签名签章页，无合同正文）

甲方（签章/签名）：
身份证号码（仅为自然人时填列）：
法定代表人/负责人（签名/签章）：

乙方（签章/签名）：
身份证号码（仅为自然人时填列）：
法定代表人/负责人（签名/签章）：

丙方（签章）：
法定代表人/负责人（签名/签章）：

签订日期：　　年　　月　　日

二十六、农业贷款

【产品定义】

农业贷款是指金融机构向涉及“三农”的机构提供的特定用途的贷款。

【适用客户】

农业贷款适用于从事“三农”生产经营的企业，包括务农的农民、农业集体合作社、农村集体经营企业。

中国农村经济处于产业链的上游，抗风险能力更强。

【产品特点】

“三农”客户属于银行的优质客户群体，金融机构可以积极拓展这个领域的客户市场。

【风险控制】

《农业保险条例》第二条规定：“本条例所称农业保险，是指保险机构根据农业保险合同，对被保险人在种植业、林业、畜牧业和渔业生产中因保险标的遭受约定的自然灾害、意外事故、疫病、疾病等保险事故所造成的财产损失，承担赔偿保险金责任的保险活动。”

【政策依据】

《关于促进扶贫小额信贷健康发展的通知》（银监发〔2017〕42号）

一是加强贷款管理。对于贫困户参与的扶贫产业项目，要做到对建档立卡贫困户和产业项目双调查。定期对借款人生活和产业经营情况进行监测分析，建立资金监管机制和跟踪监督机制，对可能影响贷款安全的不利情形要及时采取针对性措施。

二是稳妥办理无还本续贷业务。对于贷款到期仍有用款需求的贫困户，支持银行业金融机构提前介入贷款调查和评审，脱贫攻坚期内，在风险可控的前提下，可以无须偿还本金，办理续贷业务。

三是区别对待逾期和不良贷款。对确因非主观因素不能到期偿还贷款的贫困户，帮助贫困户协调办理贷款展期。对通过追加贷款能够帮助渡过难关的，应予追加贷款扶持，避免因债返贫。贷款追加后，单户扶贫小额信贷不能超过5万元。对确已发生的贷款损失，要按规定及时启动风险补偿机制，按约定比例分担损失。

四是适当提高不良贷款容忍度。对于银行业金融机构扶贫小额信贷不良率高出自身各项贷款不良率年度目标2个百分点以内的，可以不作为监管部门监管评价和银行内部考核评价的扣分因素。

【案例】

苏州市××现代农业发展有限公司农业模式化案例

1. 客户基本概况

（1）基本介绍。

苏州市××现代农业发展有限公司注册资金为25000万元，实收资本为25000万元，由苏州××绿洲生态旅游发展有限公司（占80.4%股份）和苏州市城乡发展投资有限公司（占19.6%股份）出资而建。公司主要通过集约化经营、规模生产和现代农业科技应用，将原先分散承包给个体农民的1200公顷田地和养殖水面转化成1200公顷的高效渔业基地，基地产品主要为销售遍布全国及东南亚地区的成阳大闸蟹。

（2）合作方案。

针对现代农业发展公司的融资特点，金融机构一是主要选择所在区、镇实力较雄厚的企业，由政府协调进行担保来开展授信，产品主要为项目贷款、流动资金贷款、银行承兑汇票、国内信用证等。二是对于个别规模大、发展前景好的现代农业发展公司，可介入选择贷款业务，并为未来开展IPO、短期融资券、中期票据等投资银行业务做好准备。三是有选择地依托现代农业发展公司，通过公司担保，批量对其下游经销商开展授信。

具体到苏州市××现代农业发展有限公司的实际情况，考虑到成阳大闸蟹发展前景非常可观，金融机构通过引入该公司所在区的苏州市××城市建设有限责任公司等政府背景企业进行第三方连带责任保证，对该公司进行了项目贷款支持。

（3）小额贷款金融机构收益。

苏州市××现代农业发展有限公司的模式化经营共为金融机构带动时点存款1.27亿元，日均存款0.83亿元。与此同时，金融机构以该公司为核心，通过该公司承担连带责任保证加联保的模式，对其下游7户经销商（个体工商户）的负责人进行了授信，每户贷款金额为500万元。贷款资金全部通过受托支付方式直接支付给了苏州市××现代农业发展有限公司，该业务给金融机构带动的对私储蓄达3000多万元。

此外，金融机构还通过此模式，有效地拓展了一批现代农业发展公司及其下游经销商，如苏州××国家现代农业示范园区有限责任公司、苏州××亭现代农业发展有限公司等，均为金融机构带来了可观的收益。

（4）以合作社形式运作的现代农业授信模式。

在苏州现代农业改造中，部分村镇涌现出一批新型合作社，通过引入股份制法人形式成立股份合作社实现规模化经营，苏州当地共建立农业股份合作经济组织3000余家。

2. 银行授信方案

鉴于苏州现代农业发展前景可观，且有当地政府的大力支持，针对股份合作社的融资需求与经营特点，金融机构一是通过公司条线借助一些有实力的区、镇政府背景企业作为担保平台，对一些农村股份合作社开展了批量授信，授信产品主要为国内证和买方押汇；二是通过采用联保（追加

20%联保保证金）加第三方担保的模式，对一些农村合作社或合作社负责人开展了批量助业贷款业务营销。目前，已成功对苏州东山镇、望亭镇、胥口镇、光福镇及张家港凤凰镇的近30个农业合作社开展了法人助业贷款（5个联保组，每户贷款金额为300万～500万元），对15个合作社负责人开展了个人助业贷款（3个联保组，每人贷款金额为300万～500万元）。

鉴于政府对发展现代农业的大力支持，金融机构以实力强大的政府背景企业——苏州市××资产经营有限公司（总资产近百亿元，净资产达近50亿元）作为保证平台，对6个村股份合作社开展了批量授信。每家综合授信额度1800万元，授信敞口1200万元，授信产品为国内信用证和买方押汇，现已全部启用并实现有限投放，授信余额总和达14400万元，带动时点存款0.75亿元。

在苏州部分地区，除了以合作社形式运作的现代农业，还有一部分农村采取的是大户经营模式，由个人承包一片农田、鱼塘、果林等，实现规模经营。对此，金融机构正在研究创新风险缓释措施，拓展此类客户的授信合作。

“三农”借贷人在寻求银行资金支持时，又面临着符合银行抵押条件的固定资产较少、农田、鱼塘、果林、苗圃基地不符合抵押条件、风险缓释手段较少等困难。为此，金融机构针对农业发展组织不同的组织形式和特点，为其分别设计了不同的融资方案。

苏州市许多区、镇都在政府引导下注册成立了现代农业发展公司，通过公司化运作形式来组织现代农业的生产。苏州市××现代农业发展有限公司是这一组织形式的典型代表。

银行敏锐地捕捉到受当地政府大力支持的现代农业发展的巨大商机，对现代农业发展组织的业务模式进行了深入了解。在准确把握其资金需求的基础上，根据其不同的组织形式设计出符合经营组织特点的模式化融资方案，既帮助现代农业发展组织解决了难以获得银行贷款支持的现实困难，又能够有效防范融资风险，同时还可通过拓展其下游经销商壮大小额贷款金融机构客户基础，为金融机构带来了可观的经济收益，值得银行加以借鉴。

要每天多努力一些，比别人多努力一个小时，比别人早到单位一个小时，提前准备当天的信贷资料和营销方案；每天比别人晚睡 2 个小时，晚上最好不要看电视多去学习，经年累月坚持下去，你将成为一名优秀的客户经理。

二十七、快速抵押贷款业务

【产品定义】

快速抵押贷款业务是指客户出现临时资金周转需求时，以不动产抵押需在 1～2 个工作日获得贷款的融资服务产品。

【适用客户】

快速抵押贷款业务适用于融资目的符合法律规定的，能够提供有效、足值物业抵押的自然人或企业。

【产品特点】

1. 手续简便，放款快捷。

2. 期限灵活，随借随还。

【贷款用途】

贷款用于借款人企业正常的生产经营资金周转。

【风险控制】

变现能力是指假定在估价时点实现抵押权时，在没有过多损失的条件下，将抵押房地产转换为现金的可能性。

影响变现能力的主要因素如下：

1. 房地产的通用性。所谓通用性，是指该房地产是否常见、是否被普遍使用，也就是有效需求数量的多与少。

（1）用途的专业化。用途越专业化的房地产，使用者的范围越窄，越不容易找到买家，变现能力越弱。例如，厂房比住宅的变现能力弱；特殊厂房比标准厂房的变现能力弱；商场（柜台）比店面的变现能力弱。

（2）结构质式与房屋质量。从结构上来看，砖混结构的变现能力不如钢混结构；以住宅而言，点状布置的不如条状布置的，一梯多户的不如一梯两户的；从质量上来看，房屋质量差的不如质量好的，成新率低的不如成新率高的。房屋质量从广义上来看，除本体质量外还包括小区环境、物业管理等。

（3）房地产的价值大小。一般来说，价值越大的房地产，所需的资金越多，越不容易找到买家，其变现能力就越弱。例如，大型商场比小店铺变现能力弱，别墅、复式住宅比一般单元住宅变现能力弱。

（4）房地产的开发程度。一般来说，开发程度低的房地产，其不确定因素多，其变现能力也就越弱。例如，生地、毛地比熟地的变现能力弱，在建工程比现房变现能力弱。

（5）区位条件。所处区位越偏僻、越不成熟的区域房地产，变现能力越弱。例如，郊区的房地产比市区房地产变现能力弱，商圈外的商业用房比商圈内的商业用房变现能力弱。

（6）该类房地产市场状况。房地产市场越不景气，出售房地产越困难，其变现能力也就越弱。

2. 独立使用性。所谓独立使用性，通俗来说就是能否单独地使用而不受限制。一般来说，独立使用性越差的房地产，越妨碍房地产的使用，其变现能力也就越弱。例如，商场的柜台受制于整个商场的管理，不如店面独立使用性好。

3. 房地产可分割转让性。所谓可分割转让性，是指物理上、经济上是否可以分离开来使用的房地产。

【案例】

小额抵押担保案例

1. 客户基本概况

A公司是一家从事印刷业务的企业，专门为大型超市印刷包装袋。该公司已经营多年，生产经营能力稳定，信誉较好。近期，该公司签订了几笔订单，为了扩大生产规模，需要一些流动资金，向金融机构提出了贷款需求。

2. 银行授信方案

经客户经理上门调查了解到，该公司老板拥有一套商铺，楼龄在5年左右，产权清晰，商铺位于交易活跃的商业区，配套齐全、交通便利，具有较强的变现能力，可以作为该笔贷款的担保。在业务上报审批前，经客户经理初步评估，审批同意后，按照相关业务规定，在办理抵押登记手续时，不动产抵押登记交件受理后可先办理放款手续，只用了2天的时间，该企业就取得贷款100万元。

天下任何武功，都有自己的不足，防守得再好，也有破解方法，只要意识、攻、守、应机变化等远远高于对方，势必游刃有余！

二十八、企业互保贷款

【产品定义】

企业互保贷款是指企业融资用途、还款来源较明确，无法提供不动产抵押，但却可以提供资信状况良好、拥有一定代偿能力的第三方担保的小微贷款业务。

【适用客户】

企业互保贷款适用于缺乏有效抵押担保，但有良好的业务合作伙伴或有担保能力的企业或个人愿意为其提供第三方连带责任担保的自然人和企业。

【贷款用途】

贷款用于借款人企业正常的生产经营资金周转。

【案例】

企业互保贷款案例

1. 客户基本概况

某市A公司是一家生产塑料模具的企业，专门为大型电子企业做配套。该公司与银行往来多年，生产经营能力稳定，信誉一直较好。近期，该公司签订了几笔订单，为了扩大生产规模有了流动资金需求，向金融机构提出了贷款需求。经客户经理上门调查了解到，该公司的厂房和土地等实物资产已抵押给了其他小额贷款公司，但该企业在同业中信誉较好，下游企业回款较为稳定，可以找到一家具有担保能力的B公司为其提供第三方连带责任担保。

2. 银行授信方案

经客户经理对B公司进行偿债能力调查评估后，认为B公司具有较强的担保能力，且愿意为A公司进行担保，符合金融机构对担保人的相关要求。经审批同意给予A公司授信额度200万元，在与B公司签订担保合同后，A公司取得了200万元的贷款资金。

【点评】

互保贷款的对象，银行千万不要去撮合，就是提供标准化的互保产品，由企业自行考虑后进行匹配。银行提供信贷资金，市场自己去选择。

二十九、租金贷款

【产品定义】

租金贷款是指金融机构向特定大型商场（包括电商、物业持有方、长租公寓方）的租户提供的，专项用于支付租金的一种特定用途贷款。

金融机构通过控制信贷资金的用途来控制信贷风险，由于信贷资金用途为支付租金，租金仅为企业经营活动中很小的支出，因此违约概率较小。

【适用客户】

租金贷款适用于缴纳租金续签合同的商家。

【基本规定】

只需客户交付签约合同金额20%的押金，即可获得续签合同全年租金及管理费用的贷款，并直接支付合同款项。

【办理时间】

办理时间与市场续签合同同步进行，也可根据客户的需要提前办理申请及审批。

费用：月利率为1%（按实际用款时间计算），额度管理费率为1%、提款手续费率为1%（一次性）。

时间：1~12个月，提前还款按实际提前还款金额收取3%的提前还款手续费。

还款：按月预付利息，按月等额还本。

【所需资料】

夫妻身份证、结婚证、居住地址信息（房产证复印件、租赁合同、水电费单、煤气、电话费单等）、营业执照复印件、本人已签字的续签合同、贷款申请表。另外，还有一些商户专属优惠。

【风险控制】

长租公寓租金贷风险如下：

1. 挪用资金风险。贷款资金被服务商挪用的风险。

2. 违法类型较多。长租公寓中介服务商自行或与其他贷款机构合作使用租客信息签署贷款合同，将贷款资金扩充为资金池，不断进行租客和房东的资金和期限错配，长租公寓中介服务商沉淀的大量资金未被有效监管。

3. 存在潜在较多的租赁合同纠纷，涉及面广。租客和房东存在损失资金的风险，容易产生租赁合同纠纷。一旦长租公寓中介服务商资金链断裂、倒闭或恶意跑路，租客将损失押金和预缴的租金，且房东未收到的租金损失将由房东本人或者租客承担。同时，租客仍需继续向贷款机构支付贷款本息。租客已支付租金而房东却收不到租金，租客要求继续租住而房东要求租客退房，双方对是否继续履行租赁合同极易产生纠纷。

【案例】

广州××云纺城经营户租金贷款案例

1. 客户基本概况

（1）基本介绍。

广州××云纺城（以下简称云纺城）由广州××城房地产开发有限公司开发，中国建筑工程总公司承建。云纺城总建筑面积逾30万平方米，建有地下二层、地上七层，拥有商铺4000余间，其负一层为辅料交易广场，一层至三层为面料交易中心，四层为纺织会展中心，五层至六层为集交易、办公功能为一体的展示区，七层为综合服务区，内设有全面的商务配套设施。

云纺城是一个集交易、展示、办公、信息发布、会展等多种功能为一体，经营品种涵盖面料、辅料和家纺的大型现代化纺织品专业市场。

云纺城内经营商家经营品种主要分为针织布料、梭织布料及辅料。

云纺城内现有经营商家逾2500户，以经营产品进行分类，分为针织布料经营商户、梭织布料经营商户及辅料经营商户。其中，针织布料经营商户有500～600户，梭织布料经营商户约有1000户，辅料经营商户约有1000户。以销售额计算，针织布料销售额占云纺城经营商户销售总额的40%左右，梭织布料销售额占40%左右，辅料销售额占20%左右。

（2）行业风险分析云纺城内经营户处于纺织服装产业链中端，因此受上下游厂商及终端市场的影响较大，个体抗风险能力较差，整个行业系统抗风险能力也较差。

此后金融危机对服装纺织行业打击很大，但是云纺城内经营户大多数从事银行信贷业务在5年以上，客户基础较为坚实，下游客户内、外销兼具，同时由于云纺城内经营户属于贸易类，定期固定成本支出较少，具备一定的抗风险能力，所以此次金融危机对其的冲击只是造成销售额下降，利润减少，并未对其造成实质性伤害。

（3）授信申请人经营者信用风险。

由于云纺城内经营户处于纺织服装行业的中端，承上启下，而银行业目前的销售及结算模式以赊销为主，上下游资金占用情况较为普遍，一旦下游客户经营情况恶化或终端市场下行，可能随时导致云纺城内经营户资金链断裂，进而危及银行信贷资金安全。

另外，商家追求利润最大化的习性，以及高风险、高收益的规则又决定了云纺城内经营户的经营处于相对风险中，主要表现为以下三个方面：

①自主开拓新布料品种。由于云纺城内经营户的同质性竞争激烈，各经营户为在竞争中获取更高的利润，经常会主动参与研发、开拓新布料新品种（新上市2个月内的针织布料毛利率可达10%左右，上市3个月以上的针织布料毛利率则一般在3%左右；其中新上市1个月内的梭织布料毛利率可达15%左右，上市2个月以上的梭织布料毛利率一般在5%左右）。据了解，一种新布料的研发所需费用为3万~5万元，所需费用并不高，但是为了保证新品种上市后，由自身短期内垄断性销售，获取利润最大化，通常需备货，梭织布料一般在10万米以上，针织布料则数量更大。而一旦新品种布料不被市场所接受，经营户将会承担巨大的损失，甚者导致经营户资金链断裂，危及银行信贷资金的安全。

②云纺城内经营商户多元化经营。目前中大布匹市场经营商户之间竞争激烈，一些实力较弱的经营商户，利润空间在逐渐缩小，故有部分经营户为谋求更高的利润率，开始参与服装纺织贸易以外的经营项目。据了解，除兴建布匹卖场以外，大多以旅店、餐饮居多，银行信贷资金极易被其挪用至这些新项目。由于这些经营商户自身素质一般，对其银行业不甚熟悉，管理及成本控制能力较差，投资失败率较高，一旦投资失败，将导致其资金链断裂，危及银行信贷资金安全。

③云纺城内经营户以非广州市户籍为主，流动性相对较强。授信违约成本相对较低，当银行授信金额高于其违约成本一定比例时，授信申请人恶意逃债的意愿将较为强烈。同时受地域及地方保护主义等多方面限制，此类授信清收难度较高。

（4）操作风险。

由于云纺城内商户众多、经营品种繁杂、授信要求个性化较强、信息不对称等原因，极易造成银行授信相关人员在授信前调查、授信中审查审批、授信后管理的操作失当，进而造成银行信贷资金风险。

2. 银行授信方案

（1）目标客户群。云纺城内针织类中小客户及梭织类客户（厂商派驻办事处或子公司除外）。

（2）主推产品及相关规定。

①授信金额、种类、用途、期限、利率及财务顾问费等相关规定。

第一，授信用途：只能用于满足授信客户经营期内流动性资金需求，不能用于权益性投资、固定资产投资及国家法律法规禁止信贷资金进入的领域。

第二，授信种类为流动资金贷款。

第三，贷款利率。基准利率上浮10%（按揭平移及流动资金贷款组合产品除外）。

第四，财务顾问费占授信金额的6%。

收益分析：银行在云纺城内的商户授信综合收益分为两部分，即正常的表内利息收益及财务顾问管理费部分的表外收益。以1年期基准利率上浮10%计算，银行利差为5.84% - 2.95% = 2.89%，财务顾问费每年6%，二者合计8.89%。利率与财务顾问费率支行有自由调剂权，但针对云纺城内授信经营户的年综合收益最低要求必须达到8.89%，成本/收益比必须达到11.2，即等额11.2笔类授信收益可覆盖等额1笔本金全额损失。此举主要目的是提高银行信贷资金收益，降低银行小微企业授信损失率。如果授信申请人在授信期间日均存贷比达到30%，总综合收益可在最低标准的基础上降低1个百分点，并在此基础上日均存贷比每增加10%，综合总收益降低1个百分点，依此类推。

②主推产品及相关说明。

第一，按揭平移及流动资金贷款组合产品（以下简称按揭平移产品）授信申请人的实际经营者在银行的按揭住宅由其自行筹资归还，然后经银行指定的评估机构进行评估，在其将该住宅抵押给银行后，银行对其进行与住宅评估价格的七成的额度授信。该授信分为两个部分：第一部分，金额及期限与授信申请人的实际经营者原有按揭贷款保持一致，利率执行同期同档基准利率；第二部分，金额为评估价格的七成扣除原有按揭贷款金额的余额（以下简称扣除余额）。授信期限为3年，单笔用款日期不低于180天。该授信由实际经营者夫妻双方共同提供连带责任保证担保。

第二，“担保公司 + 商铺经营权质押。”此类品种适合授信申请人针对云纺城内已经预缴了长期（8~12年）租金的商户。

由银行指定的担保公司提供担保，授信申请人向担保公司提供反担保。银行根据担保公司出具的担保函进行授信，同时要求授信申请人将其自用的商铺剩余使用权质押给银行。目前已有经过银行批准的银达担保公司初步表达意愿，希望与银行联合开拓云纺城市场。

具体措施：以授信申请人的商铺使用权作质押，给予其商铺剩余已预缴租金金额50%的随借随还循环额度，每年核定一次，用于满足客户经营周转资金缺口。同时，银行与云纺城签署书面的关于商铺使用权处置的协议，若银行债权无法实现时，云纺城将有义务根据协议配合银行实现质押权益（按照租赁协议，当商户退租时业主以剩余价值的70%退还给商户，商户不得自行转让和处置）。

额度金额：本产品授信金额起点为10万元，最高不超过500万元。

额度期限：本业务额度有效期为1年，在有效期内借款人可随借随还，循环使用，但未偿还贷款本金余额不超过授信额度。

年综合收益：原则上不低于8.89%。

还款方式：在授信额度内，按月付息，根据每笔支用到期还本。

担保公司具体操作模式按照银行担保公司有关规定执行。该授信由实际经营者的夫妻双方共同提供连带责任保证担保。

对授信申请人实际经营者的审查。审查人要审查调查人提交的关于授信申请人实际经营者信息是否全面和有效予以充分揭示，并尽可能提示实际经营者信息可能存在的风险点，对存在严重偷漏税、具有不良嗜好、转移资产迹象等存在巨大风险隐患的，不管其经营状况及现金流量如何良好，都要严格把关，防范突发风险。

对担保方式的审查。审查人应根据不同授信品种，对抵押物的价值和变现能力要进行客观的评价和分析，对保证人（担保公司或联保联贷中的互保人）的有效保证能力要进行认真审核，并要对担保的合法合规性负责。

银行客户经理一生中出售的唯一产品就是你自己，如你可信的人品、精湛的银行专业知识，这些都是取信客户的资本，这些都是客户与你交易的筹码。

三十、按揭贷款挂钩小微贷款（高管按揭贷款）

【产品定义】

按揭贷款挂钩小微贷款（高管按揭贷款）是指金融机构向拥有房产人士发放的，并以认定的每月按揭还款金额作为主要贷款金额判断依据，用于消费性用途的贷款。

【适用客户】

在经济较为发达的地区内各类大型公司高管，大部分都是年薪制，平时收入稳定，年底有高额公司分红性质奖金。

这类高管属于拥有较为高端房产的人士，这类客户由于持有价值较高的房产，每月收入稳定；对这类客户，金融机构可以发放一定比例的消费贷款。

在北京、上海、广州、南京等经济发达城市，大公司高管购买的房产大部分都会超过3000万元，按揭贷款依靠平时收入归还一部分，其他还需要外部融资；年底，利用剩余一半年薪归还平时的按揭贷款。

消费贷款的金额应当与按揭贷款的每月还款金额挂钩，以准确计算可以给借款人核定的授信额度。

【金额确认】

最高月按揭还款金额的10倍。例如，每月归还按贷款的金额为2000元，金融机构可以考虑提供2万元左右的贷款。这等金额的贷款，对于借款人而言，还款压力适中。

【贷款额度】

贷款额度为1万～30万元。

【贷款期限】

贷款期限为3～24期。

【贷款月利率】

贷款月利率为1.2%～1.8%（客户信用评分等级确定）。

【手续费】

手续费率为2%（一次性），通过收取可观的手续费，可以有效弥补利息收入。

【还款方式】

还款方式为等本等息按月还款。

【放款速度】

放款速度为1～3天。

【所需资料】

1. 身份证。
2. 工作证明。
3. 6个月的银行账户流水。
4. 住址证明。
5. 近6个月的按揭还款记录。
6. 房产证复印件。
7. 按揭合同。

【备注说明】

如果申请金额在5万元以下（含5万元），只需提供以下资料：

1. 身份证。
2. 房产按揭合同。
3. 近6个月的按揭还款记录。

【案例】

××地产（集团）有限公司推荐客户消费贷款授信方案

1. 客户基本概况

××地产（集团）有限公司（以下简称××地产）是一家以房地产开发为龙头，集商业运营、物业管理于一体的大型民营企业集团，具有国家一级房地产开发资质。公司注册资本为5.5亿元。集团总部设于深圳，目前在深圳、北京、昆明、洛杉矶等地设立区域子公司，旗下有深圳市××房地产开发有限公司、云南××（集团）控股有限公司、北京××房地产开发有限公司、云南××房地产开发有限公司等子公司。

××地产在中国区域已完成开发建筑面积206万平方米，正在开发建筑面积192万平方米，储备开发建筑面积749万平方米。

2. 银行授信方案

以××地产作为渠道类客户，由该公司向金融机构推荐按揭客户。金融机构对有消费贷款需求的客户提供贷款。××地产向金融机构提供了按揭贷款的基础数据。

三十一、经销商买方信贷

【产品定义】

经销商买方信贷是指在核心企业（或核心企业投资控制的担保公司）提供担保情况下，经过核心企业的推荐，金融机构向经销商提供的专项用于购买核心厂商产品的一种贷款融资业务。

【业务流程图】

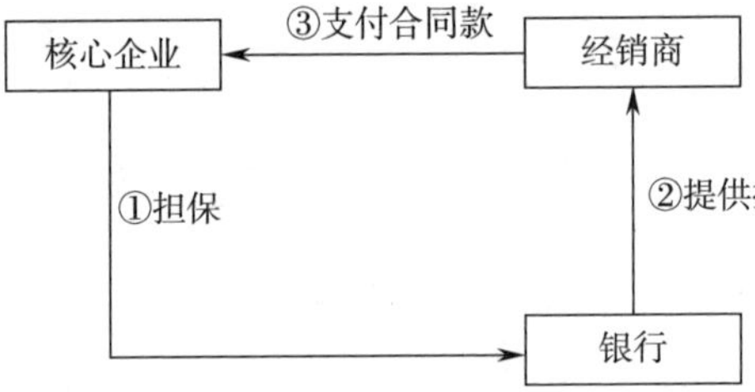

图 2－7　经销商买方信贷业务流程

【适用客户】

核心企业下游经销商信用良好，核心企业通常为制造类企业，销售压力较大，愿意支持经销商的发展。

【产品特点】

1. 金融机构给予借款人 1 年授信，可循环使用。

2. 借款人享受核心厂商一定的贷款贴息。

3. 贷款期限为 3 个月。

【风险控制】

1. 金融机构必须对核心企业核定授信额度，对经销商的贷款占用核心企业的授信额度。

2. 必须由核心企业与经销商、金融机构签订三方合作协议，由核心企业提供担保或退款责任。

3. 必须核实经销商的销售能力，根据经销商的销售能力核定具体的贷款额度，不能超额贷。

4. 贷款资金必须采取受托支付方式，直接进入核心企业银行账户，封闭锁定信贷资金用途。

【营销建议】

1. 应当将营销重点立足放在核心企业的销售部门，销售部门有着巨大的销售压力，会反向推动财务部门接受这个方案，确保这个买方信贷模式被核心企业最高决策层接受。

2. 应当立足于制造类企业，如门窗制造类企业、白酒制造企业、水泥制造企业等。

【案例】

沈阳××水泥有限公司（经销商买方信贷）案例

1. 客户基本概况

（1）基本介绍。

沈阳××水泥有限公司生产工艺先进、设备精良，生产线实现了全自动化控制。原料供给来自关联企业，成本和数量可控。该公司具有就近市场的优势，公司主营“盾石”牌高标号水泥，以其优良的质量覆盖了沈阳及周边市场，供向沈大高速、沈阳地铁、浑南开发等很多省、市重点工程。公司自建成投产以来，销售和利润稳定增长，实现销售4.7亿元，实现利润2.48亿元，经济效益较为显著。

该公司具有资源、技术、人员负担小等核心优势，成本和规模优势显著。

（2）上下游主要客户及结算方式。

供应渠道分析			
序号	前三名供应商（按金额大小排名）	金额（万元）	占全部采购比率（%）
1	辽阳××水泥有限公司	22514	75.21
2	本溪××钢铁（集团）股份有限公司	1649	5.5
3	辽宁××石膏有限公司	1559	5.2
该企业从辽阳××水泥有限公司采购熟料，货源供应稳定，由于是本系统内企业，一般采取赊账采购方式，月底现金结算，价格方面低于其他采购商6%左右			

续表

销售渠道分析			
序号	前三名销售商（按金额大小排名）	金额（万元）	占全部销售比率（%）
1	沈阳××科工贸有限公司	279	23.5
2	沈阳××混凝土有限公司	89	6.3
3	辽宁××商品混凝土有限公司	40	5.1
报告中销售收入低且利润为负值的主要原因是4月报表，水泥企业4—11月为主要销售期，具有明显的季节特点，4月道路施工，运输困难，存货销售困难，但按订单，这批存货是保证恢复道路通车后供应已有订单的，销售收入及利润会恢复正常预期			

2. 银行授信方案

保兑仓回购担保额度为300万元，具体业务为三方保兑仓回购担保，主要由下游辽宁××丰混凝土有限公司、沈阳××华兴混凝土有限公司采购水泥使用。

本次授信优势为企业经营管理正规，信用良好，为多家银行优质客户；及时使用银行授信，可增加银行保证金存款及其他各项收益。

本次授信劣势主要为面对行业和宏观经济运行风险。

综合判断本次授信风险可控，收益和风险能够平衡。相关风险隐患及具体防范措施：

（1）现场和非现场了解企业和担保单位、行业发展的动态信息，及时研判，加大贷后管理力度和有效度。

（2）根据企业需求实际使用银行贸易融资产品，降低授信使用的风险系数。

（3）通过网银、现金管理等方式，营销扩大企业的结算量，深度了解企业的日常经营状态。

【点评】

买方信贷属于非常有潜力的供应链融资产品，借助核心企业批量营销其全国众多的经销商，银行批量开发中小企业客户群体，同时，信贷资金牢牢用于向核心企业的付款。

【文本】

保兑仓三方协议

（　　）借字第　号

借款人：　　　　　　　　　　　（甲方）

身份证号码：

现住址：

保证人：　　　　　　　　　　　（乙方）

法定代表人：

联系方式：

住所地：

银行：　　　　　　　　　　　　（丙方）

现住址：

依据：

1.《中华人民共和国民法典》及有关法律、法规的规定，当事人本着平等自愿、诚实信用的原则，经协商一致，签订本合同。

2. 丙方与乙方签订《综合授信协议》，约定，丙方向乙方提供______万元连带责任担保额度，将乙方承担担保责任，由丙方提供融资的第三方信贷业务纳入连带责任担保额度，本三方协议担保占用以上担保额度。

第一章　借　款

第一条　本合同项下，甲方借款金额为人民币（大写）____________元整（¥：________）。借款用途为向乙方支付购气款项，丙方将采取受托支付方式，将贷款资金全额划付到乙方账户，乙方账户名称：________，账号：______________。

第二条　甲方本合同项下的借款期限为____个月，自____年____月____日起至____年____月____日止。实际借款日与到期日以借款收据为准，借款收据为本合同的附件，与本合同具有同等法律效力。

第三条 借款利率为：________‰（月利率）。

第四条 本合同签订过程中所涉及的评估、公证、抵押登记、担保等有关费用，均由借款人承担。

第五条 借款人必须提供合法、真实、有效的详细资料，办理本合同约定公证手续。

第六条 借款人在借款期限内应按月还息，还息日为每月的____日，逾期的按双倍的逾期利息支付罚息。

第七条 借款人保证按合同约定按时偿还全部借款本息。

第八条 借款人保证按照出借人或保证人要求提供有关资料，并对资料的真实性负责。

第九条 借款人应按期偿还借款本息，借款人违约还款的，按到期借款顺序归还，先还违约金、罚息、利息、后还本金。

第十条 借款人提前归还借款的，应提前征得出借人同意，否则，借款人仍应按照合同约定还本付息。经出借人同意的，借款人应多支付一个月的利息作为违约金，以上约定的罚息、违约金借款人应直接支付给出借人。

第二章 保证担保

第十一条 为保障出借人的债权的实现，保证人为本合同项下借款提供连带保证责任担保。如果本合同履行期限届满，借款人没有履行或者没有全部履行其债务，出借人有权直接要求保证人承担保证责任。

第十二条 保证担保的范围为：借款的本金及利息（包括逾期付款的利息）、借款人应支付的违约金、赔偿金及出借人为实现借款债权而支付的合理费用（包括但不限于律师费、诉讼费等）。

第十三条 保证人在本合同项下的保证期间：自本合同签订之日起至主合同债务履行期届满之日起二年。借款合同展期的，以展期后所确定的合同最终履行期限之日为届满之日。

第十四条 出借人和借款人变更主合同主要内容或转让债权或债务的，必须书面通知送达保证人，取得保证人书面同意，否则，免除保证人的保证责任。

第十五条　借款人的住所、联系方式、单位迁移、资产减少以及负债情况等发生变化，应在变化发生后三日内书面通知本合同的其他各方当事人。

第三章　违约责任

第十六条　借款人在合同期间内有下列行为的，构成违约并承担违约责任：

1. 借款人未按合同规定的借款用途使用借款的；
2. 借款人未按合同约定按时足额偿还借款本金的；
3. 借款人向出借人或保证人提供虚假或隐瞒重要事实资料；

第十七条　在合同履行过程中，如因借款人违约没有按期还本付息的，出借人为实现借款债权而支出的合理费用（包括但不限于律师费、诉讼费等）由借款人承担，担保人对此项费用承担连带责任。

第四章　合同的变更和解除

第十八条　本合同生效后，各方不得擅自变更或解除合同。

第十九条　任何一方需变更或解除合同时，应及时书面通知对方，并就合同的变更或解除的有关事宜协商一致达成书面协议。变更或解除合同的协议达成后，甲方已占用乙方的借款和应付利息应付给乙方。

第二十条　借款期限到期后，如借款人提出要求，可以延长合同期限两个月，该延期期间的利率同合同期内的利率，该延期仅限一次。

第二十一条　借款人违反本合同第二十条规定的，出借人可提前收回借款或提前宣布合同终止。

第五章　争议解决方式

第二十二条　因履行合同所发生的争议，合同各方应妥善协商处理，协商不成的，由出借人所在地法院管辖。

第六章　其　他

第二十三条　三方另约定：

第二十四条 本合同未尽事宜，另行签订补充协议，与本合同具有同等法律效力。

重要提示和提醒：在签署本合同时，各方当事人对本合同项下所有条款均无疑议并对当事人有关权利、义务和责任等相关条款的法律含义有准确无误的理解，各方当事人意思表示一致，无异议。

本合同一式四份，三方各持一份，自各方当事人签章后生效。

甲方：
身份证号码：
年 月 日

乙方：
法定代表人：
年 月 日

丙方：
法定代表人：
年 月 日

融资要牢牢围绕商品的属性，资金紧紧附着在客户的经营现金流环节，资金的作用就在于推动商品的加速周转，资金流和物流形神合一，这样的融资最安全。失去物流的掩护，这样的信贷资金可能会有风险。

三十二、小额委托贷款

【产品定义】

小额委托贷款是指由理财者通过金融机构委托贷款贷给资金需求者，其本金和收益由实力雄厚的担保公司提供连带责任担保的一种贷款方式。

【适用客户】

小额委托贷款适用于社会上具有闲散资金、但缺乏投资渠道或者投资风格比较保守的自然人或企业。

【产品特点】

1. 本金和固定收益百分之百保证安全，免去后顾之忧。

2. 理财期限灵活多样，根据客户需要灵活设置理财期限，从3个月到36个月不等。本金和收益由实力雄厚的担保公司提供连带责任担保。贷款期限为3个月、6个月、9个月、12个月、24个月、36个月。

【风险控制】

1. 必须对借款人选择实力雄厚的担保公司提供担保；

2. 金融机构必须对借款人核定授信额度。

【案例】

北京××国有资产投资公司小额委托贷款案例

1. 客户基本概况

（1）北京××国有资产投资公司。

北京市××国有资产投资公司注册资本7.8亿元。该公司在海淀区委、区政府、区国资委的领导下，积极贯彻区政府的经济发展战略意图，努力构建规模化、专业化、多元化的发展模式，形成了以高科技、房地产为支柱产业，资本运营为纽带的战略发展格局，实现了战略性、跨越式的发展。投资涉及高科技、金融、证券、房地产、旅游服务业等领域，拥有全资、控股、参股及托管企业30家，资产总额从成立之初的2560万元发展到140多亿元，已初步具备国有控股公司的经营规模和资本实力。公司在区域经济发展、中关村科技园区和重大基础设施建设中积极筹集资金，在政府实施宏观经济调控、建设中关村科技园区发展战略中发挥了不可替代的作用。

（2）北京××油业有限公司。

北京××油业有限公司占地面积达13000余平方米，建有现代化的硬件操作平台；具有世界先进水平的联体式四位一体生产车间面积达6000平方米，把调和、分装、半成品、成品四个独立模块有机地合为一体，配备有独立动力车间、基础油灌区，生产设备与检测仪器20多台套，建有4800平方米多功能数字化办公大楼、2000平方米职工生活区，在国内同行业居于先进行列。

2. 银行授信方案

【业务流程图】

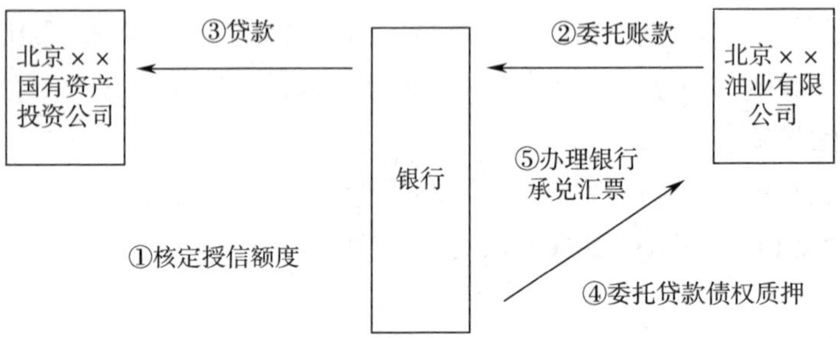

①银行对北京市海淀区××国有资产投资公司核定授信额度，办理完毕担保和抵押手续。

②银行联系北京拓海油业有限公司提供资金，银行与委托方签订《委托贷款合同》。

③银行与北京市海淀区海环国有资产投资公司签订《委托贷款合同》。

三十三、企业流动资金贷款担保

【产品定义】

企业流动资金贷款担保业务是指在为借款人核定授信额度的情况下，由金融机构为其提供信用担保，从而获得银行贷款支持的一种担保业务。

【产品特点】

1. 对于金融机构，通过该产品，并不占用其宝贵的贷款规模。

2. 商业银行可以借助金融机构的批量推荐，批量开发优质小微企业。

【申请资料】

1. 营业执照正副本、工商信息单、组织机构代码证。

2. 验资报告。

3. 财务报表，包括资产负债表、利润及利润分配表、现金流量表、主要科目的明细、会计报表编制说明。

4. 审计报告。

5. 中征信息及贷款、对外担保信息单。

6. 企业章程。

【申请条件】

1. 管理完善，具备偿还贷款本息的能力。

2. 企业及实际控制人无不良信用记录。

3. 企业有流动资金使用计划，确保贷款目的真实。

4. 能够提供金融机构认可的反担保措施。

【案例】

××企业流动资金贷款担保案例

1. 客户基本概况

××企业因正常生产经营周转的需要，自有流动资金不足，缺乏抵押物，无法独立获得贷款，向金融机构提出了担保申请。经金融机构评审后，认为该企业虽然缺乏抵押物，但该企业长期为某一家大型生产制造类企业供应产品，订单稳定、信用良好，符合金融机构担保条件，于是向银行推荐了该企业。

2. 银行授信方案

银行在对该企业进行考察后，在金融机构提供担保的情况下，同意向该企业提供一笔金额为1000万元、期限为12个月的担保贷款。该企业向金融机构缴纳担保费，并如约向金融机构缴纳贷款本息。

三十四、卖断型接力贷款

【产品定义】

卖断型接力贷款是指银行与金融机构合作，由金融机构首先向借款人发放贷款，然后在贷款到期时，由银行提供接续贷款，贷款用于为置换金融机构前期贷款的一种接力型贷款服务。

【适用客户】

适用客户为需要长期贷款资金的小微企业，主要由金融机构和银行协作完成。

【产品特点】

对于双方认可的小微企业客户，贷款分为两个阶段，第一阶段由小额贷款公司发放贷款；第一阶段到期后，根据协议约定条件转入第二阶段，由银行承接贷款。

这样一来，企业的融资成本大幅下降、第三方金融机构的资金占用减少，这种业务创新无疑是三赢之举。

【风险控制】

一般都是商业银行为借款人核定授信额度，委托金融机构前期提供贷款。随后由商业银行承接金融机构的贷款。金融机构必须与商业银行签订贷款转让协议，约定在贷款到期后，将贷款份额转让给商业银行。实际，最终由商业银行承担贷款风险。

【案例】

小微企业卖断型接力贷款融资案例

1. 客户基本概况

受房地产市场影响，工程车销量受到极大影响，王××所成立的机配公司经营困难。在多次找金融机构融资碰壁后，王××经朋友介绍找到了××小额贷款公司。

2. 银行授信方案

××小额贷款公司根据王××公司的实际情况，联合第三方金融机构采用卖断型接力贷款的方式，向公司提供了1200万元的贷款额度。

得到资金扶持后，王××及时调整了公司主业方向，成立了物流和挂靠运输公司，公司员工也增至200多人，公司现状得到很大的改观。

三十五、小额外保内贷

【产品定义】

小额外保内贷是指在境外机构或个人提供担保（保证、抵押、质押等）的条件下，境内企业从境内金融机构取得一定金额的本外币贷款或授信额度。

【适用客户】

适用客户为外资银行支持下的跨国公司在中国设立的境内小微企业及国外大型公司在境内设立的子公司。

【法律依据】

《国家外汇管理局关于在部分地区试行小额外保内贷业务有关外汇管理问题的通知》（汇发〔2013〕40号）。

【案例】

晋江××洋伞有限公司小额外保内贷案例

1. 客户基本概况

晋江××洋伞有限公司是一家专业从事雨伞开发、设计、生产、加工和销售为一体的综合性企业，是美国制伞业在中国子公司企业，年销售额超过3000万元。

2. 银行授信方案

由银行提供备用信用证担保，境内小额贷款金融机构向晋江××洋伞有限公司提供了超过300万元的贷款。

三十六、信托受益权质押贷款

【产品定义】

信托受益权质押贷款是指将信托受益权质押作为担保方式对信托受益权质押人提供的贷款。

【基本规定】

《中华人民共和国信托法》对信托受益权作了如下规定。

1. 受益人自信托生效之日起享有信托受益权。

2. 共同受益人按照信托文件的规定享受信托利益。信托文件对信托利益的分配比例或者分配方法未作规定的，各受益人按照均等的比例享受信托利益。

3. 受益人可以放弃信托受益权。全体受益人放弃信托受益权的，信托终止。部分受益人放弃信托受益权的，被放弃的信托受益权按下列顺序确定归属：

（1）信托文件规定的人。

（2）其他受益人。

（3）委托人或者其继承人。

4. 受益人不能清偿到期债务的，其信托受益权可以用于清偿债务，但法律、行政法规及信托文件有限制性规定的除外。

5. 受益人的信托受益权可以依法转让和继承，但信托文件有限制性规定的除外。

【文本】

信托受益权质押协议

协议编号：

出质人：

（自然人）证件号码：

联系地址：

邮政编码：

联系电话：

传真：

质权人：

（自然人）证件号码：

联系地址：

邮政编码：

联系电话：

传真：

出质人是信托合同（合同编号：____________）项下的受益人，持有信托受益权对应的信托资金为________。信托合同中约定的信托受托人为：________________信托投资有限责任公司（受托人）。出质人、质权人经双方友好商讨，就本信托受益权出质，达成协议如下：

1. 出质人出质该信托合同项下的信托受益权，出质的信托受益权对应的信托资金为；质权人同意受让。

2. 出质人须将信托合同及其相关法律文件原件交付质权人。

3. 出质人的保证：

（1）其出让的信托受益权是其合法所有的财产，而不受任何权利的限制；

（2）如出质人为法人或其他组织的，出质人保证其出让行为已获相关充分的授权。

4. 质权人的保证：

（1）质权人因受让受益人的权利、义务所支付的对价是质权人的合法财产；如质权人为法人或其他组织的，质权人须保证其支付对价的行为已获相关充分的授权。

（2）保证履行信托合同项下受益人的权利、义务。

5. 质权人在签署本协议前，须详细阅读本信托计划的相关信托文件及其他相关资料，清晰了解其中的投资风险。

6. 质权人承诺已对本信托计划可能存在的风险及加入本信托计划后的所有权利、义务有了充分、全面的了解，并在签署本出质协议时签署风险申明书。

7. 质权人受让信托合同项下受益人的权利和义务的出质对价为人民币________元（小写：________元），由质权人于本协议签署之日起________天内支付。

8. 本协议生效的当天，出质人和质权人应向受托人申请进行受益权的出质登记。登记完毕后，信托合同项下受益人的权利、义务即刻转移到质权人名下，质权人享受信托合同赋予的受益人的权利（包括但不限于出质人作为原受益人尚未支取的全部信托财产）并履行合同规定的受益人的义务。

9. 双方同意由出质人承担向受托人缴纳信托出质手续费________元。

10. 本协议项下的任何争议各方应友好协商解决；协商解决不成的，任何一方均有权向受托人所在地人民法院提起诉讼。

11. 本协议自出质人和质权人双方签署之日起生效。

12. 本协议可由出质人、质权人共同向受托人提交，受托人凭出质人、质权人在受托人处面签的“信托受益权出质申请”办理信托受益权出质登记；受托人对本协议的条款及出质交易的履行情况无任何责任和义务。

13. 本协议正本四份，出质人、质权人执一份，交受托人持两份，每份均具同等法律效力。

（本页为签名页，无正文）

出质人：（自然人签字或机构签章）

法定代表人/负责人或授权代表：（签章）

质权人：（自然人签字或机构签章）

法定代表人/负责人或授权代表：（签章）

签署日期：　　年　　月　　日

签署地点：

三十七、场景贷

【产品定义】

场景贷是指在某些封闭的场景中，金融机构对场景的支付方发放的定向贷款。

【风险控制】

严格落实借款人的经营状况，通过纳税数据、经营流水等进行判断。信贷资金必须防止挪用，应当严格限制在某特定场景中。

【营销建议】

在旅行订购场景、订车场景、婚纱预定场景、手机购买场景封闭提供的定向贷款，可以批量借助互联网场景平台进行开发。

【案例】

滴水贷案例

打开滴滴出行 App“钱包”栏“保险”选项，找到“借钱”栏打开后，便出现：最高可贷款额度 200000 元，页面最上方还有“滴水贷”三个字，点击页面下方的“优先获取滴水贷名额”。

“滴水贷”采取邀请制，对平台申请车主的滴滴单子数量有要求，还要查询申请者的征信。

【点评】

信贷风控的核心是将信贷资金封闭在某个很窄的场景中，阿里生态、百度生态、美团生态的贷款风险较低，就是将信贷资金封闭在某个具体的生态场景中。

三十八、缴费贷

【产品定义】

缴费贷是指在缴纳大额税款支付的场景中，金融机构对场景的缴费方发放的定向贷款。

【风险控制】

1. 信贷资金用途控制，封闭用于缴纳税款，必须采取受托支付方式，严格限定收款人为税务局。

2. 对借款人过往经营状况与纳税额进行对照，判断企业经营状况真实性。

【营销建议】

在支付物业费、学费、保险费的缴费过程中，提供的定向贷款用于缴纳税款。

【案例】

税易贷案例

××县国税局积极落实“放管服”改革措施，不断拓宽服务方式，创新服务项目，从服务企业发展出发，根据纳税人纳税信用度，与驻地建设银行联合推出“税易贷”服务。

银行部门根据国税局提供的纳税诚信企业，发放诚信贷款额度，开展以“信”换“贷”，为缓解小微企业资金困难、融资难、融资贵带来“及时雨”。该国税局已帮助36户企业获得银行授信支持，累计贷款920多万元，为小微企业发展注入新动能。

因春节前扩大操作间、购进设备，某公司出现资金困难。在筹措无门的情况下，了解到××县国税局和××银行开展了“税易贷”服务。抱着试试看的想法，公司找到国税部门，仅3天时间，就通过纳税信用获得银行30万元贷款帮助。

三十九、诚信保证金退款贷

【产品定义】

诚信保证金退款贷是指在缴纳诚信保证金场景中，金融机构对交付诚信保证金的客户发放的定向贷款，以退还的诚信保证金作为还款来源。

【风险控制】

1. 信贷资金用途控制，封闭用于缴纳知名品牌企业要求的诚信保证金，必须采取受托支付方式，严格限定收款人为品牌企业。

2. 对借款人过往经营状况与缴纳的诚信保证金进行对照，判断企业经营状况真实性。

3. 要求品牌企业出具承诺，一旦借款人放弃经营品牌企业产品，退还诚信保证金必须进入指定银行账户。

【营销建议】

在承揽政府项目中，如政府路桥、政府订单、知名大型企业代理商资格，经常需要缴纳保证金。

例如，诚信保障金服务（诚保服务）是阿里巴巴卖家为保障交易安全和售后质量对买家作出的一种服务承诺。加入诚保服务前，卖家需要缴纳一笔不低于5000元的保证金，该保证金用于为买家的交易安全和售后质量提供担保。保证金可一次性缴纳，也可根据交易情况随时增减，但诚信保障金总额不得低于1000元。

【案例】

诚信保证金退款贷案例

西北海天××公司致力于建立完整系统的“中国味”产品体系，经多年精心打造，现已拥有酱油、蚝油、醋、调味酱、鸡精、味精六个大类的主打产品，以及调味汁、调味粉等10余个小类的小型调味品，合计200余个规格品种；并针对现代生活的快节奏和时尚、个性化的消费趋势，在产品风味开发上不断复合、交叉，从海外引进风味调料融入中国烹饪之中，化为中国特色风味的组成部分。如此丰富的口味选择、多样的包装变化，使西北海天××公司产品在市场覆盖力、消费接受度、品牌能见度等方面优势明显，能够有效到达各个细分市场，服务于百姓生活每一餐，受到消费者青睐。

每家经销商缴存大概1000万元的保证金，资金压力巨大。

某金融机构提供诚信保证金退款贷，发放了超过2亿元贷款，收益较高。

【文本】

诚信保证金合同

甲方：____________市政府采购中心

乙方：

一、经甲乙双方协商，自愿共同遵守××市《政府采购诚信保证金管理暂行办法》（以下简称《暂行办法》），并签订诚信保证金合同。

二、甲方设立诚信保证金账户，乙方自愿从本单位账户缴纳诚信保证金壹万元（小写：10000 元）至甲方指定账户。

三、甲方负责诚信保证金的审查、登记、签订合同、发放“诚信保证金证书”及按规定使用、处理、退还等日常管理工作。

四、乙方按《暂行规定》要求，提供办理诚信保证金的相关资料，并保证所提供资料的真实有效。

五、乙方缴纳诚信保证金，与甲方签订合同并取得“诚信保证金证书”后，在有效期内，参加甲方组织相关项目的政府采购活动，享受《暂行规定》规定的相关待遇。若采购项目要求的投标保证金大于诚信保证金时须由乙方按规定补足。中标后诚信保证金自动转为履约保证金，若采购项目要求的履约保证金大于诚信保证金时须由乙方按规定补足。违反《暂行规定》相关规定，愿意接受相关部门的处理。

六、乙方账户信息发生变更后须及时通知甲方备案。

七、诚信保证金期限一年，自____年____月____日至____年____月____日，不计利息。

八、本合同一式两份，甲乙双方各执一份，本合同自双方盖章签订后生效，至期满时终止。

甲方（盖章）：　　　　　　　　乙方（盖章）：

负责人（签字）：　　　　　　　法定代表人（签字）：

订立日期：　　年　　月　　日

四十、税费分期贷

【产品定义】

税费分期贷是指针对个人住宅房屋买卖过程中所应缴纳的，包括但不限于契税、个人所得税、营业税、房屋税、印花税等相关税费和服务费的分期服务。

【适用客户】

1. 年满18周岁，职业稳定，有合法收入来源或具有按期偿还欠款的能力。

2. 无其他信用不良、银行近6个月无逾期、不存在当前逾期等问题。

3. 银行信用卡账户及账户名下所有卡状态正常。

【产品特点】

产品特点就是房屋买卖过程中产生的税费可以采用分期支付的方式，减轻现金压力。

【税费分期贷最高额度】

额度为房屋价值的15%，最高分期额度为60万元（参考预审税单）。

【需要材料】

1. 本人身份证。

2. 房屋交易凭证。其中一手房为全额购房发票，二手房提供购房买卖合同及首付款凭证，法院拍卖房应提供成交确认书。

3. 有效收入证明。

4. 增信材料，如房产证复印件、车辆行驶证复印件等，增加额度时用，非必要项。

5. 税费分申请表。

【案例】

税费分期贷案例

小李要为5年后买房积累300万元的首付款。他现有资产50万元，每月储蓄9200元，要达到理财目标，小李准备向金融机构申请贷款。

经审核后，金融机构为小李发放了6万元税费定向贷款，帮助小李缴纳了税费。

第三篇 票据业务

一、商业承兑汇票质押贷款

【产品定义】

商业承兑汇票质押贷款业务是指商业承兑汇票持票人以持有的商业承兑汇票作为质押，由金融机构对持票人发放贷款的一种供应链融资业务。

【业务流程图】

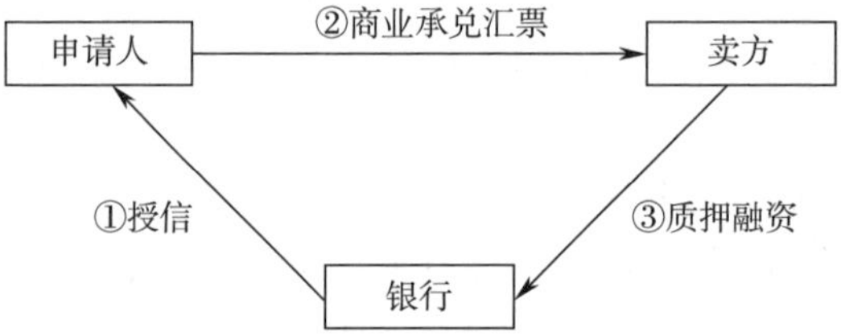

图 3－1　商业承兑汇票质押贷款业务流程

【适用客户】

工商类、制造类小微企业，配套企业都在本地，可以接受商业承兑汇票作为付款条件。由金融机构对持票人提供商业承兑汇票质押贷款作为变现方式，收款人就会接受商业承兑汇票。

【产品特点】

1. 金融机构的融资一般都是短期融资，仅有 6 个月的期限，并且商业承兑汇票服务于交易结算的特点，可以有效控制信贷资金的用途。

2. 可以借助商业承兑汇票的优势，关联营销上下游企业，对整个产业链的交易双方进行整体开发。

【所需资料】

1. 商业承兑汇票原件。

2. 授信所需常规资料：

（1）公司章程和公司组织架构图。

（2）经过年检的营业执照正、副本原件及复印件。
（3）出示中征信息，并留下中征信息号和正确的密码。
（4）上年末及近期财务会计报告及审计报告。
（5）出具授权委托书，法人和经办人身份证原件及复印件。
（6）真实有效的贸易合同且交易商品在企业的经营范围之内。
（7）质押协议书、贷款合同。
（8）要求的其他有关资料。

【产品利率】

执行中国人民银行规定的6个月贷款利率。考虑商业承兑汇票质押贷款风险很低，金融机构一般提供较为优惠的贷款利率，如执行6个月贷款基准利率下浮10%。

【风险控制】

1. 必须核实商业承兑汇票的承兑人能力，是否实力非常强大，属于知名企业。对承兑人核定授信额度，在额度内操作对持票小微企业的商业承兑汇票质押贷款。

2. 商业承兑汇票的持票人必须合理持票，提供商业承兑汇票对应的合同及增值税发票等，持票金额与其经营能力匹配。

3. 质押合同中明确，商业承兑汇票托收回来资金封闭归还贷款，防范质押人挪用资金。

【营销建议】

营销商业承兑汇票质押贷款业务必须精准定位，大部分是中小施工企业（持有大型开发商签发的商业承兑汇票）、钢贸企业（持有中铁、中建等知名企业的商业承兑汇票）、电缆企业（持有电网签发的商业承兑汇票）、药贸企业（三甲医院签发的商业承兑汇票）。

【案例】

宁波市××集团股份有限公司商业承兑汇票质押贷款案例

1. 客户基本概况

宁波市××集团股份有限公司是具有房屋建筑工程施工总承包一级资质的综合性施工企业，公司还具备五个一级专业承包资质，即建筑装修装饰工程、地基与基础工程、机电设备安装工程、钢结构工程和消防设施工程，并通过了ISO 9002国际标准质量体系认证。

该公司注册资金为13111.28万元，现有员工1000余人，拥有各类技术职称人员500余人，其中高级技术职称150人、项目经理120人。拥有各类施工机械和生产设备1500余台，总功率达1.3万千瓦。该公司年生产能力可达20亿元施工产值，建筑面积达100万平方米。

供应渠道分析			
序号	前三名供应商（按金额大小排名）	金额（万元）	占全部采购比率（%）
1	宁波市××预拌混凝土有限公司	11480	67.2
2	江东××物资有限公司	6727	17.6
3	宁波保税区××工贸有限公司	6746	15.7
销售渠道分析			
序号	前三名销售商（按金额大小排名）	金额（万元）	占全部销售比率（%）
1	××创意广场	43500	8.06
2	东部荣安××大楼	36716	6.80
3	气象路西段3号安置房	27522	5.10

2. 银行授信方案

授信方案						
额度类型	公开授信额度		授信方式	综合授信额度		
授信额度（万元）	15000		授信期限（月）	36		
授信品种	币种	金额（万元）	保证金比例	期限（月）	用途	收益
（1）流动资金贷款	人民币	5000		12	用于企业的一般性周转	银行可以获得可观的利息收入
（2）投标保函	人民币	10000		12	用于对满足受益人的合同规定	银行可以获得可观的保证金存款和保函手续费收入
授信性质	新增	本次授信敞口（万元）		15000	授信总敞口（万元）	15000
担保方式及内容	宁波市××集团股份有限公司商业承兑汇票质押					

（1）授信金额为15000万元，授信敞口为15000万元。

（2）期限为3年，期限内可循环使用。

（3）授信品种为流动资金5000万元、非融资类保函额度10000万元。

（4）担保方式。由宁波市××集团股份有限公司的商业承兑汇票质押担保。

【文本】

商业承兑汇票质押合同

编号：________第________号

出质人：________________________________

身份证号/企业法人注册号：________________________

法定代表人（负责人）：____________职务：____________

住所：____________________邮政编码：____________

电话：____________________传真：____________

质权人：________________________________

法定代表人（负责人）：____________职务：____________

住所：____________________邮政编码：____________

电话：____________________传真：____________

鉴于：

为确保质权人与债务人签订的《××银行“商业承兑汇票质押流动资金贷款”合同》（编号：________________）的履行，出质人全面的、慎重的了解以及对担保法律后果的准确认识，自愿为履行主合同项下的债务向债权人提供质押担保。

根据《中华人民共和国民法典》等有关法律、法规和规章，双方经协商一致，签订本合同。

第一条　被担保的主债权及最高额

1. 出质人自____年____月____日起至____年____月____日止，在质权人处办理约定的流动资金贷款业务，所实际形成的债务的最高本金余额折合人民币（大写）__________（小写）________以商业承兑汇票提供质押担保。商业承兑汇票号码：________金额：________。

2. 上述期间仅指融资业务发生时间，并非指融资到期应还款时间。在上述期间发生的融资业务，其到期日不得超过____年____月____日。

第二条　质押担保的范围

1. 本合同的质押担保范围为：每份主合同项下应承担的全部债务，包括但不限于全部本金、利息（包括正常利息、逾期利息、复利和罚息等）、违约金、损害赔偿金和债权人为实现债权及担保权而发生的一切费用（包括但不限于诉讼费、律师费、财产保全费、差旅费、执行费、评估费、拍卖费等）。

2. 质权的效力及于质押财产的主物、从物、主权利、从权利、附和物、加工物和孳息等。

第三条　出质人承诺

1. 出质人是在中华人民共和国正式成立并合法、有效存续的企业法人或组织（或是具有完全民事权利能力和完全民事行为能力的自然人）。出质人拥有合法、充分和绝对的权利签署及履行本合同，其签署及履行本合同所需的全部授权程序（包括内部授权）已经完成。出质人已获得有关本合同及相关文件之订立、有效、履行和执行等所必要的所有授权、同意、批准或许可，并且该等授权、同意、批准或许可是完全合法有效的。作为代表出质人签署本合同及相关文件的签字人，是出质人的有效授权代表，且已获得出质人合法、充分的授权。

2. 出质人保证质押财产的产权清晰，不存在任何权属争议、被查封、被扣押、已出租等情况，且出质人依法对质押财产拥有充分、合法、有效的所有权或处分权，并有绝对的权利依本合同约定对质押财产设置质押担保物权。

第四条　质押财产的移交和保管

1. 本合同项下质押商业承兑汇票，在本合同签订之日起________个工作日内由出质人交付质权人。

2. 质权存续期间，质权人有妥善保管商业承兑汇票的义务。如因质权人过错原因保管不善而导致质押财产灭失、毁损的，出质人有权要求质权人在本合同项下被担保的债务全部清偿后，向出质人赔偿因此而给出质人造成的实际损失。

第五条　违约责任

1. 本合同生效后，质权人和出质人均应履行本合同约定的义务，任何一方不履行约定义务的，应当承担相应的违约责任，并赔偿由此给对方造成的损失。

2. 质权存续期间，出质人违反本合同约定的，质权人有权要求出质人限期纠正违约、提供相应的担保、赔偿损失，并有权提前处分质物。

第六条　争议的解决法律适用及争议的解决

1. 本合同的签署、变更、修改、补充、有效、解释、履行和执行等，适用中华人民共和国法律。

2. 凡因本合同引起的或与本合同有关的争议或纠纷，可由双方协商解决；协商不成或不愿协商时，按下列第________种方式解决：

（1）提交____________仲裁委员会在____________进行仲裁。

（2）向质权人所在地人民法院提起诉讼。

3. 在争议未解决之前，除争议事项外，不影响本合同规定的其他条款的执行。

第七条　其他约定条款

1. 本合同未尽事宜，由各方协商解决，未作约定的部分，均遵照中华人民共和国有关法律、法规和其他相关规定办理。

2. 出质人声明：

（1）出质人清楚地知悉质权人的经营范围、授权权限。

（2）出质人已阅读本合同所有条款，应出质人要求，质权人已就本合同作了相应的条款说明。出质人对本合同条款的含义及相应的法律后果已全部通晓并充分理解。

第八条　合同的生效

本合同经出质人和质权人法定代表人（负责人）或授权代理人签字并加盖公章（如出质人为自然人的，则须签字）后生效。

第九条　合同文本份数

本合同一式________份，出质人执________份，质权人执________份，其余________份暂由质权人保存，以交相关部门或人士登记、备案或存档；每份均具有同等法律效力。

（以下为本合同签字盖章栏，无正文）

出质人：　　　　　　　　　　　　质权人（公章）：

有权签字人：　　　　　　　　　　有权签字人：

签约日期：____年____月____日

签约地点：________________

二、商业承兑汇票

商业承兑汇票市场属于远未深度挖掘的“荒地”，竞争者甚少，小额贷款公司营销潜力极其巨大。如果一家公司在这方面深度创新，取得先发优势，肯定会赚得盆满钵满。

【产品定义】

商业承兑汇票是指由付款人或收款人签发，付款人作为承兑人承诺在汇票到期日对收款人或持票人无条件支付汇票金额的票据。

【业务流程图】

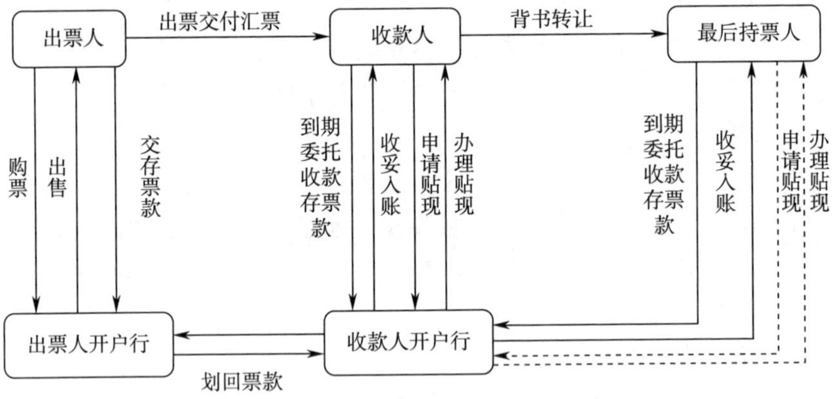

图 3－2　商业承兑汇票流程

【适用客户】

对于一些中小型企业，公司在为客户核定贷款额度后，这类客户可以串用为商业承兑汇票额度，要求这些小微企业提供较高比例的保证金，为收款人办理商业承兑汇票质押贷款，可以获得较高比例的保证金存款和贴现利息收益。

【办理条件】

1. 申请人为经工商行政管理部门（或主管机关）核准登记的企（事）业法人或其他经济组织。

2. 申请人在银行开立结算账户，与银行有着真实的委托付款关系。

3. 贸易双方有真实、合法的交易背景。

4. 申请人具有到期支付承兑汇票的能力。

【产品特点】

1. 可以为企业节省财务费用。办理银行承兑汇票需要向银行缴纳0.05%的承兑汇票手续费，办理商业承兑汇票彻底免费（仅收取工本费），符合企业降低财务费用的利益取向。

2. 企业签发商业承兑汇票不需要录入中征信息，企业可以减轻在银行记录过多负债的压力，尤其是上市公司以及准备发行短期融资券、中期票据的客户非常适用（说明：企业签发的银行承兑汇票和商业承兑汇票记入资产负债表中应付票据科目）。

【业务流程】

1. 出票人签发商业承兑汇票。

2. 商业承兑汇票到期前，付款人将票款足额交存其开户银行。

3. 商业承兑汇票到期前，持票人用商业承兑汇票办理委托收款。

4. 持票人开户银行将商业承兑汇票通过系统传送给商业承兑汇票上记载的付款人开户银行。

5. 付款人开户银行向持票人开户银行划转商业承兑汇票款项，到期兑付。

【所需资料】

1. 申请人为经工商行政管理部门（或主管机关）核准登记的企（事）业法人或其他经济组织。

2. 贸易双方有真实、合法商品的交易背景。

3. 申请人具有到期支付承兑汇票的能力。

【收费标准】

客户签发商业承兑汇票，银行仅收取系统使用费，不收取手续费。

【注意事项】

1. 商业承兑汇票到期一律通过银行传递办理托收。

2. 商业承兑汇票到期日，如付款人账户不足支付时，其开户银行将汇票退给收款人或持票人，并对付款人按票面金额处以一定的罚款。

【授信规定】

商业承兑汇票需要特殊的授信操作模式。在授信操作方面应当有一定的突破。对于很难拿到财务报表的特大型垄断行业客户，允许在没有报表的情况下，向这些客户提供商业承兑汇票额度。如中国移动通信股份有限公司属于中国四大电信运营商之一，实力非常强劲，公司承兑的商业承兑汇票履约风险很小。由于采购频繁，公司大量出具商业承兑汇票。该公司市场地位极高，不可能拿到该公司的财务报表，按照现有的传统授信操作思路核定对该客户授信额度很困难，这时，需要银行授信审批政策突破，允许从公开网站下载的资料或依托评估公司的评估报告就核定授信，专项用于这些公司承兑的商业承兑汇票质押贷款业务。

【营销建议】

1. 一般对承兑人核定商业承兑汇票额度，客户签发商业承兑汇票后，银行为持票人办理质押贷款。商业承兑汇票签发与小额贷款公司对承兑企业的授信额度“捆绑”在一起，收款企业以能够办理变现为前提收取商业承兑汇票。

2. 应当非常重视商业承兑汇票这个市场，切实吃透商业承兑汇票的市场规律，商业承兑汇票一般都是特大型企业承兑，这类客户实力雄厚，经营行为规范，风险不比银行承兑汇票高，同时商业承兑汇票收款人一般都为小型企业，价格承受能力较高，银行办理商业承兑汇票质押贷款收益较好。

【案例】

北京××钢铁有限公司商业承兑汇票案例

1. 客户基本概况

北京××钢铁有限公司（以下简称××钢铁）为本地的大型钢铁制造厂商，年销售额超过20亿元，年采购焦炭超过3亿元。在银行核定有2亿元综合授信额度，该公司有超过5家焦炭供应商，以往的销售模式都是先货后款，供应商资金压力非常大。随着焦炭市场的走俏，供应商纷纷要求改变支付方式。

2. 银行授信方案

××钢铁推荐其经销商××焦炭（北京）有限公司，向××焦炭（北京）有限公司承诺，××钢铁承兑的商业承兑汇票保证予以质押贷款，利率不超过9%。××钢铁签发200万元商业承兑汇票给××焦炭（北京）有限公司，××焦炭（北京）有限公司收到商业承兑汇票后办理发货，同时向银行办理了质押贷款业务。

经过分析认为，××钢铁的供应商一般都是焦炭供应商，普遍规模偏小，流动资金紧张，但是行业利润率较高。这些供应商对于××钢铁非常关键，该公司非常希望银行能够支持这些供应商，确保他们能够正常生产，顺畅供应。但是，该公司不愿意使用银行承兑汇票，因为以往都是先货后款，该公司不愿意承担承兑手续费。经过分析，该小额贷款公司认为可以选择商业承兑汇票作为突破。

【点评】

相对于竞争已经白热化的银行承兑汇票贴现市场，商业承兑汇票贴现市场属于远未深度挖掘的市场，竞争者甚少，潜力极大。如果一家小额贷款公司在这方面深度创新，取得先发优势，肯定会赚得盆满钵满。

三、小额银行承兑汇票质押贷款

【产品定义】

小额银行承兑汇票质押贷款是指客户以银行承兑汇票作为质押，金融机构提供短期流动资金贷款的一种授信业务形式。

【业务流程图】

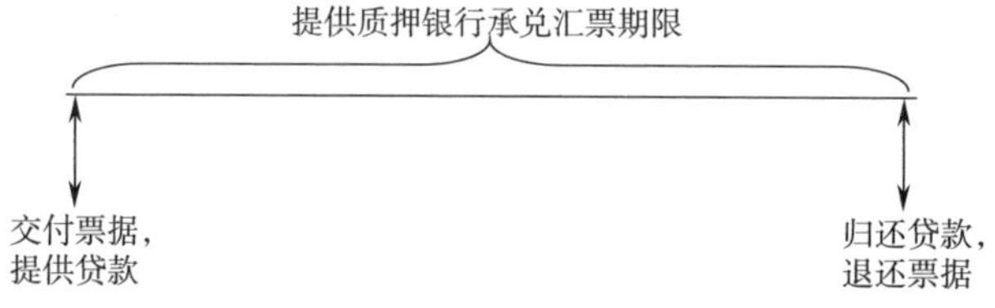

图3－3　小额银行承兑汇票质押贷款业务流程

【适用客户】

适用客户为收付票据业务量非常频繁的流通型企业，如钢铁经销商、汽车经销商、煤炭经销商、油品经销商等客户，这些客户对于票据非常熟悉，资金运作频繁，非常适合该类业务。

【产品特点】

银行承兑汇票质押贷款融资的期限非常灵活，借款企业可以根据自身的资金头寸情况，灵活决定融资期限，便利企业的资金运作。

【贴现利率低于贷款利率时】

1. 质押为短期融资。长期限银行承兑汇票，比如 6 个月期限，额度为 1000 万元的银行承兑汇票，客户仅需 1 个月的资金周转，可以采取银行承兑汇票质押贷款方式，6 个月银行承兑汇票质押，金融机构提供 1 个月期限流动资金贷款，为企业节省利息支出。

2. 质押为小额融资。客户持有额度为 1000 万元，期限为 6 个月的银行承兑汇票，客户仅需 200 万元的融资，直接贴现，客户需要承担 1000 万元银行承兑汇票的贴现利息，可以采取 1000 万元银行承兑汇票质押，金融机构提供客户获得 200 万元融资，可大幅降低企业的融资费用。

【所需资料】

1. 银行承兑汇票原件。

2. 授信所需常规资料：

（1）公司章程和公司组织架构图。

（2）经过年检的营业执照正、副本原件及复印件。

（3）出示中征信息，并留下中征信息号和正确的密码。

（4）上年末及近期财务会计报告及审计报告。

（5）出具授权委托书、法人和经办人身份证原件及复印件。

（6）真实有效的贸易合同且交易商品在企业的经营范围之内。

（7）质押协议书、贷款合同。

（8）金融机构要求的其他有关资料。

【产品定价】

执行中国人民银行规定的 6 个月贷款利率。考虑银行承兑汇票质押贷款风险很低，金融机构一般提供较为优惠的贷款利率，如执行 6 个月贷款基准利率下浮 10%。

【产品期限】

在贴现利率正常的情况下（贴现利率在存款利率之上，贷款利率之下），银行承兑汇票质押贷款融资期限大多远远短于质押的银行承兑汇票期限。用于解决超短期的资金周转需要，如临时到期的贷款、即将到期的银行承兑汇票等。

在贴现利率非正常情况下（贴现利率在贷款利率之上），银行承兑汇票质押贷款融资期限多长于质押的银行承兑汇票期限，替代贴现，为客户解决融资需要。

【业务流程】

融资期限短于质押的银行承兑汇票期限业务流程：

1. 持票人申请办理银行承兑汇票质押贷款业务，并提供相关授信资料，如银行承兑汇票、交易合同复印件、增值税发票等。

2. 金融机构委托银行按照贴现的要求审查票据，符合贴现要求的，金融机构与持票人签订质押合同、流动资金贷款合同。

3. 持票人交付银行承兑汇票，金融机构完成“质押背书”，发放流动资金贷款。

4. 贷款到期，持票人归还金融机构贷款，金融机构解除质押，归还银行承兑汇票。

【产品优势】

1. 企业优势

（1）融资的期限非常灵活，企业可以根据自身的资金头寸情况，灵活决定融资期限，便利企业的资金运作。

（2）可以最大限度地为企业节省财务费用，便利企业降低融资成本。

（3）通过该产品，公司可以牢牢掌控企业的全部票源，为客户提供全套的票据解决方案。

2. 金融机构优势

金融机构融资品种灵活，在贴现利率走高的时候，可有效地解决一些对利率要求较为苛刻的客户需要。

【风险控制】

银行承兑汇票质押贷款，金融机构应当委托银行办理票据查询，需要符合票据贴现的管理规定，严格审核贴现票据的真伪，办理票据的查询、查复手续，切实控制票据风险。

【案例】

北京××钢铁物资有限公司的小额银行承兑汇票质押贷款案例

1. 客户基本概况

北京××钢铁物资有限公司为北京市规模较大的钢铁流通企业，注册资本为3亿元，公司销售额达88亿元，利润总额达5亿元。公司经营范围包括钢铁加工、销售、运输等。公司每年的银行承兑汇票收付量极大。

2. 授信方案

北京××钢铁物资有限公司属于流通型企业，自有资金不足，缺少合格的抵押担保，向金融机构直接申请贷款困难。考虑该公司票据量较大的特点，某金融机构设计提供票据质押贷款方案，该公司不断提供收到的长期银行承兑汇票，金融机构为其灵活办理银行承兑汇票质押贷款。

【点评】

我们在营销钢铁经销商的时候，出现了这种情况，钢铁经销商在银行签发的银行承兑汇票量非常大，每月都有银行承兑汇票到期需要兑付，同时这个钢铁经销商因为销售，又收到大量的长期限的银行承兑汇票，而这个钢铁经销商为了节省财务费用，不希望办理长期限的银行承兑汇票贴现，为了兑付这些即将到期的银行承兑汇票，金融机构就可以提供银行承兑汇票质押贷款，满足客户的临时之需。

四、集团公司保兑商业承兑汇票

【产品定义】

集团公司保兑商业承兑汇票是指子公司作为商业承兑汇票的出票人，委托其集团公司作为付款人进行承兑后，向其供应商进行交付，金融机构在集团公司的授信额度内为供应商办理质押贷款，票据到期由集团公司扣划子公司资金进行兑付的一种票据业务形式。

【产品特点】

通过集团公司保兑商业承兑汇票，金融机构可以沿着客户的产业链，营销其上游客户，形成客户结算资金在银行体内循环。

【业务类型】

子公司签发商业承兑汇票，集团公司在商业承兑汇票上加盖自己的预留印鉴，对商业承兑汇票加保兑。金融机构直接操作对集团公司保兑的商业承兑汇票质押贷款即可。

【业务流程】

1. 金融机构为集团公司核定商业承兑汇票额度。

2. 子公司与供应商签订供货合同，子公司签发商业承兑汇票，汇票的付款人为集团成员单位，收款人为供应商，承兑人为集团子公司。

3. 集团公司与金融机构签订三方合作协议，约定以上签发的商业承兑汇票，集团公司提供连带责任保证。

4. 供应商持集团公司已经担保的商业承兑汇票向金融机构申请办理质押贷款，金融机构在集团公司商业承兑汇票额度内给予办理商业承兑汇票贷款业务。

5. 票据到期后，子公司作为承兑人承兑票据，如果不能到期解付票据，金融机构直接向集团公司追索。

【产品优势】

1. 便利集团公司行使资金集中管理职能，强化对集团下属子公司资金的集中管理，控制子公司过度融资的风险。

2. 子公司可以根据自身的经营采购需要，灵活签发商业承兑汇票，便利企业的商务经营活动。

【风险控制】

1. 挑选实力较强的中型集团公司，提前对集团公司核定授信额度，在最高风险承受额度内操作集团公司担保的成员单位签发的商业承兑汇票的贷款业务。

2. 严格控制商业承兑汇票风险，客户仍需要提交银行承兑汇票对应的商品购销合同、增值税发票等证明贸易背景的跟单资料。

【案例】

浙江××集团有限公司的保兑商业承兑汇票融资案例

1. 客户基本概况

浙江××集团有限公司注册资本为23亿元，为规模较大的能源企业，公司销售额达188亿元，利润总额达15亿元。该公司经营范围包括发电、能源等。公司有下属成员企业超过10家，公司在经营活动中对外采购量较大，上游企业多达100多家，包括煤矿等企业，每年的采购支付量极大。

2. 授信方案

通过对浙江××集团有限公司提供总公司保兑商业承兑汇票，金融机构成功营销浙江××集团有限公司下属的北京××发电有限公司、天津××能源有限公司等3家成员企业，并通过商业承兑汇票营销浙江××集团有限公司上游超过10家供应商。金融机构办理商业承兑汇票贷款超过5亿元。

第四篇　担保业务

一、小额投标保函

【产品定义】

小额投标保函是指应投标人的请求，向招标方作出的保证承诺，保证在投标人报价的有效期限内，如投标方中标后撤销投标书、擅自修改报价，或者在规定时间内不签订招投标项下的合同，公司将根据招标方索赔，按照约定承担责任的书面保证。

保函金额一般由招标方确定，金额为招标总合同价的5%～10%（具体比例根据不同的招标文件而定）。有时投标方出于防止过早暴露自己标底的考虑，会要求为其开出略高于招标文件规定金额的保函，这也是合理的。

【适用客户】

适用于所有公开招标、议标时发标方要求投标人缴纳投标保证金或投标保函的情况。

【产品特点】

招标人为避免投标人在评标过程中改标、撤标，或中标后拒签合同而给自身造成损失，通常都要求投标人缴纳投标保证金以制约对方行为，投标保函是现金保证金的一种良好的替代形式。

在实际操作业务过程中，投标方很少出现违约现象。

【产品分析】

招标人为避免投标人在评标过程中改标、撤标，或中标后拒签合同而给自身造成损失，通常都要求投标人缴纳投标保证金以制约对方行为，投标保函是现金保证金的一种良好的替代形式。在实际操作业务过程中，投标方很少出现违约现象，保函出现风险的概率很小。

【期限】

投标保函通常自开出之日起生效，其有效期一般为投标日期后的3～6

个月。若投标人中标，则保函有效期自动延长至投标人与招标人签订合同并提交履约保函为止。

【办理条件】

1. 招标文件资料。

2. 基础交易合同资料及公司对同类工程的履约记录等资料。

3. 保函格式（通常招标文件中备有要求的格式文本）。

4. 授信所需的常规资料，包括营业执照、法人代码证书、税务登记证、财务报表、公司的决议等。

【费用标准】

保证费用 = 保函金额 × 费率。

境内保证：一般为保证金额的 1.5‰ ~ 2‰，并通常限定一个最低收费标准。

境外保证：一般为保证金额的3‰ ~ 4‰，并通常限定一个最低收费标准。

修改或换开保函的，已收取的费用不再退还；保函履行期间被保证人和受益人要求终止保函的，已收取的费用不再退还。

【业务流程】

1. 客户提供有关材料，申请开立保函。

2. 对客户提供的保函格式进行审查，并对客户进行授信审批，重点审查投标人以往履行同类交易合同的记录。

3. 授信审批同意，就保函格式与申请人洽商，应当争取客户使用标准保函格式文本。

4. 同意开立保函的，以书面形式出具保函，并交客户签收保函。

5. 当受益人因申请人原因遭受经济损失而提出索赔要求时，根据书面索赔通知进行赔付；当投标方落标或投标方中标后签署商务合同并提供履约保函时，该保函自动失效，保函业务结清。

【产品优势】

1. 对投标人益处。

（1）减少因缴纳现金保证金引起的资金无偿占用，获得一定的资金收益。

（2）与缴纳现金保证金相比，可使有限的资金得到优化配置。

2. 对招标人益处。

（1）更好地维护自身利益，避免了投标人不负责任地随意投标。

（2）避免办理收取、退回保证金的烦琐程序，提高了工作效率。

【风险控制】

1. 保证项下主合同是否真实、合法、有效、有无瑕疵或隐藏的风险。

2. 审查招标文件和投标书，如担保项目情况、保函的条款等。

3. 对申请人将主要调查其资信情况，重点审查标的是否真实、投标书有无压价、欺骗招标方的行为，重点分析投标方中标后是否有履行合同的能力。

4. 对受益人将主要调查其诚信情况，如受益人在境外，还应考察所在国是否有经常性的恶意索赔情况。

【营销建议】

目前，在电力工程、房地产施工、道路建设、桥梁工程等大型基础设施项目中，业主通常对施工方、主要设备供应商进行招标，客户经理营销的目标客户可以锁定在：

1. 各类工程承包商，如建筑企业、道路施工企业、水电工程的承包商等。

2. 大型设备供应商，如电站设备供应商、施工设备供应商等。

推荐网站：各地建委网站、各地发展和改革委员会网站。

【案例】

北京××电气股份有限公司投标保函案例

1. 客户基本情况

北京××电气股份有限公司主要生产大型的机电开关设备，公司产品提供给包括北京地铁复八线、长江三峡工程等重点项目，公司年承包合同金额超过20亿元。由于公司常年对外承揽工程，需要小额贷款公司大量出具保函。

2. 银行授信方案

经过分析认为，该公司投标业务非常频繁，公司规模偏小，且属于工程承包类企业，信用授信很难批准。公司一年内多次参加各类工程投标，其他公司都是一笔保证金对应一笔保函，企业存入很多零星存单，管理混乱。该公司多办理3个月定期存单，同时利息损失较大。某公司设计：该公司可以一次性存入500万元定期存单，存期为1年，存单质押，在最高存款限额内可以循环开立多笔投标保函，旧保函到期作废后，腾出额度可以签发新的保函，多笔保函接续开立。这种操作可以为客户增加一笔可观的利息收益，同时避免了多笔存单管理困难的问题。

公司认可方案，存入300万元资金，定期为1年，办理完毕质押手续，提供300万元的保函额度，承诺企业在1年内可以在最高300万元额度内随时开立保函。公司参加内蒙古××电厂开关设备招标，开立投标保函一份，金额为22万元，保函有效期为3个月。此后，公司陆续将其主要保函业务全部移交给银行。

【文本】

投标保函（格式）

致：受益人（招标方）________________

本保函作为（以下简称投标人）对（项目名称）________________所招标的（设备名称）________________设备供应而提供的投标文件保证。

银行在此无条件的、不可撤销的承诺，一旦在收到你方的书面通知说明下列事实中的任何一项时，保证支付给你方最高金额为________万元人民币保证金：

1. 投标人在投标截止日期后投标有效期内撤回其投标。

2. 投标人在投标截止日期后对投标文件作实质性修改。

3. 投标人被通知中标后，拒绝签订合同（不按预中标时规定的技术方案、供货范围和价格等签订交易合同）。

本担保的期间自____年____月____日起至____年____月____日止。如果投标人中标，本保证金将在上述期满后继续有效，直至投标人与你们签订合同为止。

请在保函失效后，及时将保函正本退还注销。

（签发小额贷款公司的名称公章）：________________

（签发人签名和签字）：________________

年　　月　　日

二、小额履约保函

【产品定义】

小额履约保函是指为了保证交易双方商务合同的切实履行，应申请人请求，向其交易对手出具的，承诺如申请人不履行商务合同约定的义务，将根据其交易对手的书面索赔要求，赔偿保函规定金额款项的书面保证。

【业务流程图】

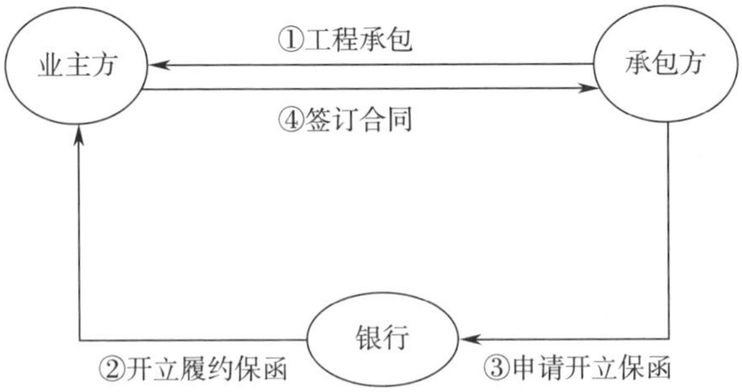

图4－1　小额履约保函业务流程

【适用客户】

适用客户为商务经济活动中的债务人。

【产品特点】

通常情况下，交易合同中都附有要求的保函格式，在风险可控的情况下，应当尽可能按照受益人规定的保函格式出具保函。工程承包竞争激烈，保函内容稍有一点不符合投标人的要求，就可能被评标委员会认作不合格而加以淘汰。因此，如果没有增加风险，仅是文字内容与银行标准保函表述不同，应当尽可能考虑投标人的利益，按照客户要求原文出具保函。

【适用范围】

履约保函的适用范围非常广泛，可用于任何项目中对当事人履行合同义务提供担保的情况，常见用于工程承包、物资采购等经济活动中。

在工程承包、物资采购等项目中，业主或买方为避免承包方或供货方不履行合同义务而给自身造成损失，通常都要求承包方提供履约保函，主要责任是保证承包方按期、按时、按质、按量完成承包工程，一旦承包方违约，就必须赔偿受益人经济损失。

【产品目的】

履约保函的目的在于保证整个工程全过程如约履行，其工程周期长、风险大，因此保函金额一般为合同金额的5%～10%；质量保函的目的在于保证整个工程的后续质量，担保责任相对较小，因此一般为合同金额的2%左右。

【业务提示】

1. 基础合同或签约备忘录等。
2. 公司对同类工程的履约记录等资料。
3. 保函格式（通常招标文件中备有要求的格式文本）。
4. 授信所需的常规资料，包括营业执照、财务报表、公司的决议等。

【收费标准】

保证费用 = 保函金额 × 费率。

境内保证：一般为保证金额的1.5‰～3‰，并通常限定一个最低收费标准。

境外保证：一般为保证金额的3‰～4‰，并通常限定一个最低收费标准。

修改或换开保函的，已收取的费用不再退还；保函履行期间被保证人和受益人要求终止保函的，已收取的费用不再退还。

【保函效期】

工程承包项下的履约保函最为常见，工程承包项下履约保函的失效一般是工程完工，监理工程师签发验工通知书后，保函失效。在这种情况下，业主一般都要求承包人另外提供一份工程质量维修保函，保证已验收工程在规定期限内不会出现质量问题。

【业务流程】

1. 客户提供有关材料，申请开立保函。
2. 对客户提供的保函格式进行审查，对申请人进行授信额度审批。
3. 授信额度审批同意，就保函格式与申请人进行洽商。
4. 同意开立保函的，以书面形式出具保函，并交客户签收。
5. 如果受益人因申请人原因遭受经济损失而提出书面索赔要求，小额贷款公司照函赔付；如果合同正常履行完毕，则保函在到期后自动失效，该笔保函业务结清。

【产品优势】

1. 对承包方或卖方益处。

（1）减少由于缴纳现金保证金引起的长时间资金占压，从容安排资金使用。

（2）提供保证，提高了债务人的资信。

2. 对业主方或买方益处。

（1）合理制约承包人、买方行为，确保其按照合同约定，按时履约。

（2）避免收取、退回保证金程序的烦琐，减少财务人员工作量。

【风险控制】

1. 保证项下主合同是否真实、合法、有效、有无瑕疵或隐藏的风险。

2. 分析委托方履行同类交易的经验，委托房按期、按质、按量完成承包工程的可能性。

3. 如果受益人提供保函样本，需要审查保函的条款等，辨识其中是否含有扩大小额贷款公司担保义务的内容。

4. 应当调查受益人诚信经营情况，如受益人在境外，还应考察所在国是否有经常性的恶意索赔情况出现。

【营销建议】

1. 一般情况下，一旦中标后，客户都会选择原来签发投标保函小额贷款公司开立履约保函。因此，营销履约保函应当在企业投标时就积极参与。

2. 从节省费用角度来看，应建议客户尽量避免签发履约期限为工程完工后再加一定期限的履约保函，而应将履约保函与质量维修保函分别出具，因为后者担保金额通常要比前者少些，可以减少申请人的费用支出。

3. 通常情况下，履约保函内容不是固定的，可以根据工程合同的具体要求而变化。

【案例】

北京××建筑有限公司履约保函案例

1. 客户基本情况

北京××建筑有限公司主要承揽大型工程项目施工，公司每年需要陆续不断地开立各类履约保函，开立各类履约保函达到60余份。公司收款主要是银行承兑汇票，全年收到银行承兑汇票总计金额超过6000万元。

2. 银行授信方案

该公司以往都是足额保证金存单质押开立履约保函，流动资金被大量占用。有时企业通过贴现部分银行承兑汇票，办理足额保证金履约保函。经过分析后认为：该公司可以使用银行承兑汇票办理质押，提供一定的授信额度，专项用于开立履约保函。在质押期内，到期的银行承兑汇票可以正常办理托收，托收回来的现金转成定期存单质押，企业实现理财。

北京××建筑有限公司向某国有小额贷款公司提供1000万元银行承兑汇票，经过查询后，提供1000万元保函专项授信额度。银行承兑汇票到期，转成1000万元、1年期定期存单质押。该公司共计申请开立履约保函11份，总金额为998万元。

【文本】

履约保函（格式）

编号：____________

致：（受益人名称）：________________

鉴于（被保证人名称）__________与（受益人名称）__________签订的合同（合同号：____________），银行承诺为受益人提供履约担保。银行在此无条件的、不可撤销的承诺在被保证人发生未能履行合同文件规定及此后双方同意的对合同的有效修改、补充和变动的情况时候（上述修改、补充和变动须提前书面通知银行），保证支付给你方最高金额为________保证金。

1. 银行在收到你方的书面通知后________工作日内，向你方支付本保证担保范围内你方索赔的金额。

2. 你方的索赔通知必须以书面形式提出，且由你方法定代表人或授权代理人签字并加盖单位公章。

3. 你方的索赔通知必须在本保证的有效期间内送达银行。

4. 在向银行提出索赔前，银行将不坚持要求你方应首先向被保证人索还上述款项，也无须你方提供被保证人没有履行合同的证明。

5. 本担保自____年____月____日起生效至____年____月____日起失效或你方向银行发出书面通知，声明自合同履行完毕之日起失效。

请在本保函失效后及时将保函正本退还注销。

（签发小额贷款公司的名称公章）：________________

（签发人签名和签字）：________________

年　　月　　日

第五篇　小额贷款客户经理信贷技能培训

一、信贷技能培训基础

（一）授信客户的选择及拓展技巧

1. 选择资金流澎湃行业配套企业。金融机构就是做资金业务的生意人，所以应当选择资金澎湃型行业进入。确定客户还应当从资金密集型行业的配套小微企业入手，资金密集型行业保证金融机构可以运作信贷业务的安全，毕竟，在资金量较大的行业，非常容易进行展业，如能源行业的配套小微企业、房地产行业中的配套小微企业等。

2. 选择一些基础行业。基础行业的特性决定系统性风险通常很小，如交通（航空公司、高速公路）、教育（大学教育）、医疗（医院）、政府采购、大型电商（阿里巴巴、百度、苏宁）、房地产（万科、保利、龙湖等）等行业，人类最基本的生存需要保证了此类行业终端有稳定的需求，资金会源源不断地流入这些行业，又最终保证了整个产业链条上各企业主体的安全，所以说系统性风险很小。

3. 选择一些优势行业。优势行业决定其发展的外在条件优越，国家的配套支持政策会很多。政府对很多行业的发展起着举足轻重的作用，决定银行业是否能获得资源配套和政策扶持，决定行业的系统性风险及其变化趋势。例如，北京市政府鼓励大力发展文化行业，对操作贷款提供了较好的外部环境。

4. 紧紧围绕在大型金融机构周围。国内大型金融机构属于社会资金的主渠道，这些客户在多年的市场竞争中，会有较多的中小企业客户，而大型金融机构自身在贷款规模紧张的时候，很多小微企业客户的资金需求会不能满足。

金融机构可以紧紧围绕在大型金融机构周围，如由大型金融机构对交通集团、铁路集团、大型开发商提供信用贷款，金融机构对这些大型集团客户产业链的伴生小微企业客户提供融资。

5. 定位流通型中小客户。流通型中小客户属于最容易切入的客户群体，只要可以设计科学合理的业务处理流程，就可以有效地控制风险，切入客户，这些类型的中小客户现金流澎湃，短期偿债能力较强，属于金融机构理想的客户群体。

在优势行业内寻找这些中小客户（优势行业中特大型企业很难切入），应当选择为其配套服务的电力设备供应商、电煤供应商等一批规模适中的。

如果定位中小客户，就要瞄准政府采购中标商（依托政府信用）、汽车经销商、药品经销商（三甲医院中标药品商）、知名产品经销商等，这类客户虽然资本不大，但是普遍销售规模庞大，资金运作能力极强，对金融机构价值较大，而避免日用品、服务业等经销商，这些客户通常资金运作规模较小，金融机构开发价值不大。营销的基本原则：客户满意、金融机构盈利。

（二）选择客户的象限理论

选择客户应当依据象限理论（见图5－1）。

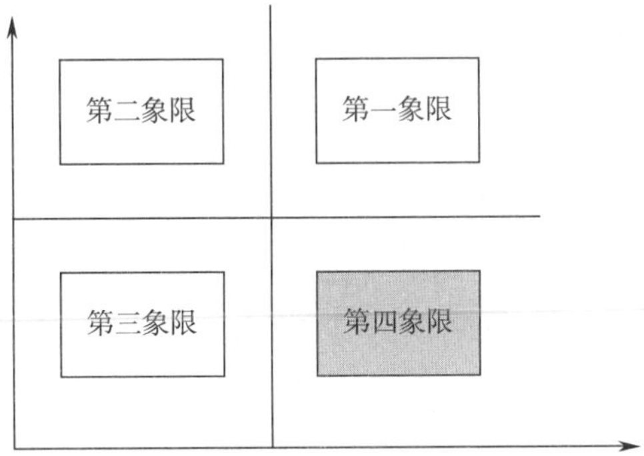

注：纵轴表示客户的资产规模；横轴表示客户的经营规模。

图5－1 选择客户象限图

（三）根据客户所在的象限选择

第一象限，客户资产规模偏大，而经营规模偏小。通常很多陷入困境的国有企业属于此种类型，客户固定资产庞大，但是大部分属于无效资产，这样的企业要慎重选择。在这些企业产生利润的个别业务分支中，谨慎选择一部分，可以尝试专项用于物资采购的封闭贷款，通过企业的销售回款用于还款。

第二象限，客户资产规模、经营规模较大。如果客户还具备负债率合理、经营效率较高的条件，那么这样的客户非常难得。如果资产负债表、损益表都表现尚佳，这样的客户属于优中选优的客户。通常这样的客户都非常强势，很难争取，没有人脉和资源很难切入。

第三象限，客户资产规模偏小，经营规模通常偏小。如小型物资企业，这样的客户金融机构不会选择。

第四象限，客户经营规模较大，而资产规模偏小。这样的客户属于小微企业，固定资产极少，经营规模较大，客户群体数量众多，金融机构碰到这样的客户通常都会犹豫，这种类型的客户会给金融机构带来非常好的回报，但是却有一定的风险。典型客户如电器经销商、钢材经销商等客户，较小的外商投资企业（如台资企业）及很多大型集团客户设立的内部物资采购公司、进出口公司等客户，通常这类公司注册资本很小，仅有两三千万元的资本，却可以有超过亿元的销售额。

（四）选择授信客户的关键因素

金融机构自身的资源条件包括资本金的限制、技术条件，如小额贷款金融机构由于资本金的限制，注定在特大型项目融资中力不从心。

银行的资源条件非常关键，既不要“高攀”，也不要“低就”。

（五）说服客户的步骤

1. 切入点——速度快。金融机构最大的优势在于贷款速度快，很多小微企业客户更在乎得到资金的速度，而对资金的成本并不非常在意。我们在营销过程中，如果大型银行贷款审批的速度是 3 个月，而金融机构审批速度是 10 天，客户就可以容忍利率上浮 2% 。

2. 切入点——价格合理。很多小微企业客户认为，金融机构的贷款利率太高。其实，金融机构的业务操作效率极快，而且金融机构的资金供应定位是给企业进行补缺之需，在整体资金盘子中份额较小，不会导致企业成本提升。

3. 切入点——双赢。发掘客户的关键需求，找出适合的金融产品，满足客户的需求，这是客户经理的价值所在。要清楚地了解客户的现状及想法、需求，掌握将产品和服务转换成给企业带来实际利益的技巧。

要懂得分析目标客户的利益点。客户只关心金融机构产品能给他带来哪些利益，这是天经地义的事，因而切莫一味地推销自己的产品，却没有换位思考。

很多客户经理说，我们产品这么好，态度这么真诚，客户为什么不接受？其实很简单，你没有真正了解客户的需要。切记：要清楚了解你的金融机构有什么、你的金融机构需要什么；你的客户有什么、你的客户需要什么，你要有能力将客户需要与金融机构的需要对接。

（六）具体实现路径——事实证明介绍

1. 产品演示。投影片、幻灯片、电脑操作。要制作简单的幻灯片，将金融机构的产品、金融服务方案以幻灯片的方式展现给客户，金融服务建议书通过稿纸展示与幻灯片播放效果会大大不同。有时客户经理还需要锻炼自己的口才，有能力进行简单的演讲，最好能做到口齿清晰、声音洪亮。

2. 成功案例。同类客户的成功案例。要注意整理银行针对同类客户的成功案例，客户最希望看到活生生的例子，最好是举例说明哪些同类企业使用了金融机构的产品，取得了哪些较好的效果。案例的效果远远超过了你的任何描述。

3. 公开报道。公开媒体关于银行产品的报道。可以收集社会公开媒体对银行产品的报道，这可以强化客户对金融机构的信心。

4. 统计资料。产品市场占有率。如果银行产品市场占有率非常靠前，就证明该产品具备强大的功能，将可以给客户强烈的信心。例如，××金融机构在营销客户短期融资券的时候，提供《金融时报》数据，证明银行在短期融资券市场占据30%的份额，在市场中绝对领先，这样客户通常会对这家金融机构非常有信心。

（七）具体营销的步骤

1. 立即帮助客户解决问题。很多客户有紧急的资金需要，如紧急的原材料、购房地产的首付款、临时到期的大额贷款等，通过正规的大型金融机构，获取贷款的周期时间较长，往往效率较差，而小型金融机构可以发挥自身的效率优势，帮助客户解决紧急的问题。

2. 促进产品销售。金融机构最应当重视借助企业的销售部门销售金融机构产品。对于非常难以攻克的客户，建议从销售部门入手。金融机构可以直接拜访销售部门，开门见山地说明金融机构的来意，就是为了促进企业产品销售。金融机构为其企业的经销商提供定向购买融资，最终促进本公司产品的销售。

二、优质小微企业客户营销策略

（一）不可一味地妥协

金融机构千万不可为了迎合客户，做不可能提供的承诺。对于新建立合作关系的金融机构，客户经常会提出一些苛刻的合作条件，如贷款可能出现逾期、需要展期等，互联网平台企业甚至可能要求金融机构在 2 个工作日内完成一笔平台商户贷款。虽然是大型客户，可以给我们带来较多的业务机会，但与之合作也要实事求是，不可一味地迎合客户，做不切实际的承诺。

（二）挺起胸膛，清楚地告诉客户其存在的问题，以及与金融机构合作可能得到的利益

金融机构是企业的财务顾问，是来帮助企业赚钱的，没有必要低声下气，即使对于规模再大的客户，也要挺起胸膛。只有你自己信心十足，客户才会放心和你合作。记住，只有强强才可能合作，强弱是没法达成合作的，因为力量不对等。

例如，北京××学校资金量非常大，是各家金融机构的黄金客户，某金融机构非常希望能够切入。北京××学校一直都是租房经营，而其本身每年有非常稳定的现金流入。某金融机构客户经理营销该客户时，提议北京××学校应当买房用作办公，而不是再租房经营。因为中国经济高速增长，房价的上涨速度肯定快于存款，企业可以通过购置固定资产，分享中国经济快速增长带来的利益，同时实现主业与投资收益的两翼齐飞，双重利润。客户对金融机构的建议非常满意，在选中房产后，在该金融机构办理了企业商业购房按揭贷款。

三、客户营销的技巧

（一）简洁明了、言简意赅、目标集中

提出合作愿望应当开门见山，不要反复兜圈子，云里雾里一通，客户却不知道你要营销什么。在拜访之前，应当通过网站等途径了解客户的基本情况，预测客户的需求，合理设计服务方案。你在拜访客户之前，就要清楚地确定向客户推销产品的重点，而不是到了客户那里再一个一个产品地推介，要客户选择。

（二）脚踏实地、量力而行

目标必须与自身的能力匹配，否则将白白浪费时间和精力。必须清楚银行的业务能力边界，不要盲目推销。

切记：营销的客户一定要能力相当，否则可能是劳而无功。

（三）轻重缓急、主次分明

制定长期目标与短期目标，循序渐进。必须承认，在一次商谈中不可能得到想得到的一切，一次拜访客户应当只设定一个目标，最多两个。例如，在商谈买方付息票据业务合作的时候，其他产品如保理、供应链融资等就要一笔带过。

切忌一次多目标、多产品推销，最后重点不突出，本来希望多产品推销，反而一个也没有推销出去，适得其反。

四、组织实施方案

（一）不折不扣地执行方案

拒绝客户的不合理要求，与客户进行合作的磨合。金融机构已经审批通过的方案必须不折不扣地执行，切不可自作主张，随意简化流程或答应客户的无理要求。最常见的情形是未落实信贷条件就放贷，简化条件、流程。

要特别注意：风险往往产生于事前的疏忽，乃至合作之初的懈怠。客户与金融机构合作，往往是一个博弈的过程。你一直按章操作，拒绝客户的不合理要求，客户就会顺着你的步点、节奏，循规蹈矩，没有逾越；你一旦放松了任何一步，客户就会认为没有那么严格，有很大的弹性，就可能变本加厉，最终影响还款，导致你受制于客户，被客户牵着走。

《孙子兵法》云：“制人而不制于人。”

前面的有效拜访客户、设计金融服务方案、银行内信贷审批沟通都已经完成，过程非常完美，最关键的业务操作一定要谨慎，万万不可虎头蛇尾，导致前面的努力付之东流。

（二）要懂得及时反馈

信贷项目进展一定要进行总结，然后报告公司的相关部门。对待“贷后调查报告”一定要认真，要及时了解业务执行情况，发现任何问题及时对风险预警。对于信贷项目综合服务方案，一定要定期总结风险状况、改进的建议、收益状况。金融机构审批决策部门非常关心项目的执行情况，以便做好风险监控、资源配置决策。要懂得及时反馈，市场信息非常珍贵，一家金融机构就如同一个身体，总部作为头脑，客户经理是其手脚，只有得到准确的信息，才便于大脑的判断，作出正确的决策。

立金名言

1. 银行客户经理该具备哪些能力？

客户经理必须具备强大的分析能力，能够准确分析客户的需求，找准客户的需求点，找到银行产品功能要点，将客户的需求和银行的产品功能对接。能够设计最合理的融资解决方案，既能满足客户的需要，又能完成银行赚取存款和利润的目标。

2. 在对客户提供融资服务后，“随心贷”能够充分运用客户多维度数据监控贷款用途、资金流向，持续跟踪客户贷后资产和信用变化情况，形成科学的风险监测预警。

3. 信贷业务就像滚雪球，滚得越来越大是我们的目标。关键是找到最厚的雪和最长的陡坡，你能坚持下去，而且方向还是对的，你就会成功。每个银行客户经理一定要找到最丰厚的客户群，找到最适合这类客户的营销方法，坚持下去。

4. 企业短期必须有现金流，这是生存的前提；企业长期必须有利润，这是存在的基础。银行看企业，短期看现金流，长期看利润。好企业短期现金流充裕，长期利润稳定。

5. 优秀银行客户经理都是愿意做别人不愿做的事；做别人不敢做的事；做别人做不到的事。不要怕出丑，成长就会出丑，出丑才会成长。

6. 银行信贷经营的就是杠杆，总之，杠杆对企业扩大经营非常重要，盈利的关键在于选择对客户提供杠杆，尽可能对有能力的企业放大杠杆率。

7. 亚马逊，改变了一种消费方式；星巴克，创造了一种生活情趣；Windows，改变了一种工作态度。凡是品牌的，一定是世界的；凡是人类共同拥护的，一定是不朽的。我们要做一个有品牌的客户经理，一个有味道的客户经理，客户愿意品味。

8. 每个银行客户经理，在最好的年纪不要辜负自己的如花青春，此生不去搏击，你将终生遗憾。